さらば公明党・創価学会

——願兼於業
命と向き合う人生

有川靖夫

同時代社

はじめに

本書は、創価学会に入会後、学会活動と公明党職員としての職務を全うし、その後、市川雄一元公明党書記長の初代公設第一秘書を経て、公明党大田区議会副議長として政治の世界にまい進してきた私が、なぜ「さらば公明党・創価学会」となるに至ったのか、その顛末、体験をまとめたものである。私に離党届を書かせ、「すべて有川チャンが悪いとするしかないねえ」とつぶやいた公明党都議の声を、私は忘れはしない。

構成は二部から成っている。第一部は『FORUM21』誌の連続特集「総括！　池田創価学会とはなんだったのか」に私が連載した「私が見た池田大作　創価学会&公明党の正体」の再録である（二〇二四年二月号、三月号、四月号）。これは、私が実際に見聞きした池田大作創価学会名誉会長の「生の声」を収録した貴重な実録である。

そして第二部は、空想の世界と思われてきた仏教の「願兼於業」の教えに触発された私が、数々の試練を乗り越えていく自伝小説である。ただし、文章の手法は「小説」ではあるが、登場人物の名前は実名を基本とし、第一部でみた「実録」をもとにしている。当然第一部と内容が重複している部分もあるが、本書全体を通して、私の「公明党・創価学会」体験を読者により理解を深めてほしいと二部構成を意図した。

私は、医者が見放した父の業病の悩みを解決した体験から、「永遠の生命」を前提とした「願兼於業」という仏説は、決して空想の世界ではないことを改めて実感した。仏説によれば、個人にまつわる幸不幸の現証は、誰彼の所為《せい》によるものではなく、全て自分自身の善悪の因縁によるものである。

しかも、そこには、おまけも無ければ割引も無い、厳しい因果の理法だけが存在している。

昨今の世相を見るに、個人にあっても、団体にあっても、国にあっても、何か不都合なことが起こると、自らの振る舞いを顧みることなく、すぐ相手を責め立てることがあまりにも多すぎてはいまいか。

しかし、それで問題は解決せず、かえって深刻な事態を招いているのが現実である。儒教の教書・大学には、「修身斉家治国平天下」とあり、天下を平和にするためには、まず自分の行いを正しくすることが根本であることを強調している。日本の代表的プロテスタント・内村鑑三氏は、日本史上最大の宗教改革者は「日蓮」である、と明察している。

今こそ私たちは、釈尊や日蓮大聖人の本当の教えを学ぶ中で、自分の命とトコトンと向き合い、円満な仏の境界を確立しながら、それぞれの分野で世界の平和に貢献したいものである。

最後に、本書の出版に当たり、適切な助言をしてくれた同時代社代表の川上隆氏とコラム研究家・澤登清志君に厚くお礼申し上げたい。

有川　靖夫

二〇二五年一月

目次

第一部

私が見た池田大作

――公明党・創価学会の正体

第一回　政教一体で「天下取り」の夢想

昭和四一（一九六六）年の春、私はトイレ掃除職でもなんでも良いから創価学会の本部職員になって、池田大作会長の元で広宣流布の為に一生を捧げたいと、取得した小学校教員A級合格の免許証を捨て、山形から青雲の志に燃えて上京した。

私が創価学会（日蓮正宗）に入会・入信したのは、昭和三四（一九五九）年一月のこと。翌三五（一九六〇）年五月三日に就任した池田大作会長のもと、勢力を拡大した創価学会だが、山形大学に進学した私も、創価学会・池田会長の説く広宣流布・王仏冥合すなわち民衆救済や平和構築などの主張に魅力を感じ、学会活動に打ち込み、大学生組織である学生部の東北方面の初代書記長を務めるまでになっていた。

本部職員の採用面接で飛田敏彦経理局長に、「特技は何か」と質され、小学校三年生の時に、日本商工会議所主催の珠算検定試験一級に合格していることから、暗算が得意で三桁そろいの足し算ならいくら早く読まれても算盤なしで正解を出せます、と答えたところ、評価されたものとみえ、無事に採用となり、翌日、公明党の経理部配属の辞令をもらった。

当時は、創価学会と公明党のいわゆる組織上の政教分離以前のことだったため、公明党職員も学会本部職員として採用されており、毎月一回、創価学会の出版部門である聖教新聞社で行われる職員全体会議には、公明党職員も参加し池田会長の指導を聞いた。流石に現職の議員らの参加はなかったが、昨年末に死去した竹入義勝委員長が総務、矢野絢也書記長が副理事長と、公明党現職議員が創価学会の役職を兼任することが当たり前だった時代である。

私は、前述のとおり東北学生部の初代書記長として、新潟県を含む東北七県の学生部員の指導を担当する立場だったが、公明党職員採用後は篠原誠全国学生部長の推薦により、全国副学生部長・男子部参謀・最年少の創価学会理事へと昇進。日中は公明党職員として業務に専念する一方で、夜は深夜に至るまで学会活動に没頭するという二刀流生活を続けた。

公明党職員としての職務は目まぐるしく変わった。その変遷は経理に始まり、その後業務・政策・書記局・民労事務局・月刊誌『公明』編集・同『現代政治』編集・公明新聞社会部記者・市川雄一代議士秘書・そして最後が大田区議会議員となり、六期二四年務めた。

この間、昭和・平成の〝妖怪〟池田大作の素顔に触れる機会が多々あり、今にして思えば、日蓮仏法を歪曲ないしは換骨奪胎して「天下取り」にまい進した彼の凄まじい野望をひしひしと感じ、その実現に挺身する党人生だったたと振り返ることが可能だ。

池田名誉会長の死去を受けて、昨今、人間・池田大作の素顔・実像を知らない学者・文化人・評論家等は、概ね肯定的な人物評価を行っている。しかし、光が強ければ強いほど闇が深いように、創価学会という巨大教団とその政治部門として自らが設立した公明党を率いて「天下取り」を図った池田名誉会長の言動・業績は、日本社会に大きな禍根を残している。そこで私が実際に見聞したいくつかの池田発言を振りかえりながらその実態に迫ってみたい。

「政教分離」は世間を欺く虚言

〈その一〉

「世間は政教分離せよ、分離せよ、とうるさい。しかし、力ある亭主は女房がなにをガミガミ言ってこようが、ハイハイと言って聞き流すように『分かりました』と言っておけばよい。大事なことは陰でしっかりつながっていればいいんだ。学会と公明党は離れてはダメだ。王仏冥合の冥という字は暗いという意味だ。学会と公明党は暗いところでつながるのだ。分かれてはダメです」（青山の寿司「満月」で）

この発言は、後述の言論出版妨害事件を経て、創価学会と公明党のいわゆる政教分離宣言がなされた後の昭和五〇（一九七五）年頃になされたもの。政教分離批判など「うるさい」「分かりましたと言っておけばよい」との発言からも分かるように、政教分離宣言は世間を欺くための詭弁・方便に過ぎず、学会と公明党の真の関係は、世間一般にはいっさい知らせずに隠れたところで連携していけ、という本音を露骨に語っている。池田会長並びに創価学会・公明党の欺瞞的体質を表象する発言である。

〈その二〉

「将来のために、このメンバーでテーマごとに班を作って、学会の遺言書を作ってみてはどうか。例えば、『第一条　王仏冥合について』と題して。王仏冥合の指揮は創価学会の代々の会長が執ること。ただし、会長に代わる識見豊かな人物が代わりに代行してもよい、とか。これでどうだ」（「御義口伝」講義受講者の会合で）［筆者注・「御義口伝」講義受講者の会とは、池田会長が「天下取り」の手駒として期待した学生部の幹部・選抜メンバーに対して行った、日蓮大聖人の教義の奥義とされる「御義口伝」の講義を受けた人々の会。神崎武法元公明党代表などがそのメンバー］

この発言の意味するところは、王仏冥合の王とは政治であり、ここでは公明党を意味するが、その公明党を指揮するのは党の代表ではなく、あくまでも創価学会の会長であるということを強調している点が極めて重要。創価学会は表向き政教分離を掲げているが、先の発言にもあるように本音は政教一体関係にある。今から思えば宗教団体の長が公党を支配する、こんなことを国民が認めると考えていたのだろうかと思うが、当時はこうした野望に燃えていたのである。

〈その三〉

「将来、公明党は政権を取れそうな時代が来ても、政権を取ってはならない。政権を取る時は、学会が広宣流布を実現し、半永久的に政権が崩れることがない状態の時に取るのだ。それまでは野党として、庶民の味方になって戦うのだ。国家権力に庇護された教団は弱体化するのです」（草の根会で）

「草の根会」というのは、昭和四七（一九七二）年に池田会長の発案で結成されたもので、公明党の次代を担う正規軍を育成することが目的で、公明新聞の主任クラスの若手メンバー二〇人が選ばれ、月に一回のペースで聖教新聞社の会長室で、鰻重やジョニ黒などが振る舞われる中で、懇談的な指導会がもたれた。

ここに示した政権奪取の時期に関する池田会長の指導には、参加者全員が頷くばかりであった。しかし、この池田会長の考えはその後、守られたであろうか。日本の総人口の僅か数パーセントにしか過ぎない学会員数では、広宣流布を達成したなどとはお世辞にも言えない。にもかかわらず学会・公明党は今日、政治と金の問題で裏金工作を続けるなど国民不在の悪政を続けてきた自民党にスリ寄り、二〇年余にわたって自公政権を組み、政権与党の座に居座り続けている。

山口那津男元公明党代表は、選挙のたびに「政権のブレーキ役」「チェック役を果たす」などと高言しているが、公明党が従来唱えていた政治理念や政策と抵触する場面になると一転して「政治には安定が大事」などと嘯き、〝下駄の雪〟などと蔑まれても政権から離脱しようとはしない。

これはいったい何故なのか。その本質をズバリ言うなら、権力欲の権化でありながら、小心翼々とした臆病者の池田大作の心底、そのなせる態が根本原因なのである。そうした池田の人間性・素顔がよく表れたのが、言論出版妨害事件と池田国会喚問問題だと言えようか。

一九六〇年代から七〇年代にかけて惹起した学会・公明党による言論出版妨害事件は、戦後の日本社会を代表する人権侵害事件として、国民の記憶から忘れさられることは決してないが、いま創価学会は言論出版妨害事件について、加害者でありながらあたかも悪質な誹謗中傷の被害者であったかのような主張を繰り広げている。しかしその実態は、学会・公明党がグルになって、自らに批判的な書籍の出版・流通を妨害するために、著者・出版社・取次店・書店に圧力をかけたのである。

次節で詳しく後述するが、とりわけ、『創価学会を斬る』の著者・藤原弘達氏に対しては、出版を諦めさせるために田中角栄自民党幹事長（当時）に依頼したことが発覚し、池田会長の国会証人喚問を求める声があがった。この動きに池田会長は怯えたのである。

創価学会の中にも、このような時にこそ逃げずに日蓮門下の在家の代表として、堂々と国会に出向き、詫びるべきことは詫び、主張すべきは主張して欲しいと、池田会長の勇気ある行動を期待した人々も少なからずいて、私もその一人だった。

だが当時、池田会長は、日蓮正宗総本山・大石寺で開かれた御義口伝講義受講者の会合において、「私は学会に降りかかるすべての難を、一身に受けて戦ってきた。今度は諸君が私を守れ!!」と要求した。堂々と国会に赴くどころか「私を守れ、私を守れ」と姑息にも逃げ回ったのである。

公明党はその矢面に立たざるを得なかったが、いま池田大作の死去によって、池田証人喚問阻止という至上命令から公明党は解放された。連立政権を維持しなければならない最大の理由はなくなったのであるから、結党理念である「清潔」や「平和」「福祉」に逆行する自民党とは手を切って、「庶民の味方」になるべく下野すべきではないのか。

〈その四〉

前述の「草の根会」でのこと。私は直接、池田会長に質問したことがある。その質問内容とは、公明党らしい優れた安全保障政策を創るにあたって、仲間の記者と議論を交わした際、日蓮正宗の第二祖である日興上人の「遺誡置文」の中に、「刀杖等に於いては仏法守護の為に之を許す、但し出仕の時節は帯すべからざるか」との御文を参考にすべきという意見と、妙法の題目を唱えることによって閃いた仏智に基づいて考えるべきとの意見に分かれたことを紹介し、どちらがいいか意見を伺った。

この質問に対して池田会長は、学会側を代表して同席していた野崎勲男子部長に対して「いい質問だな。聖教の職員からはこのような質問は出てこない」と述べた後に、「それは両方大事なことです。大聖人や日興上人の教えから学び取ることは大事なことですし、題目をたくさん唱えて閃いた政策も大事なことです。両方大事なのです。日興上人が仏法守護のためには刀杖を許す、と言われたことは、まさに専守防衛のためには武器使用を許すといわれたのではないか」と発言した。

宗教の教義・理念をダイレクトに政治・政策のベースとすることとの是非はひとまず措くとして、少なくとも現在の公明党の防衛政策は、右傾化する自民党の政策に迎合・追随するばかりで、「専守防衛」を前提とした池田会長の考え方とは真逆の方向に舵を切っているとしか見えない。さながら属国のごとくアメリカの言いなりになって防衛費の増額を決めたり、集団的自衛権の行使も是とし、憲法で禁止されている有事の敵基地攻撃さえ自民案にスリ寄り、容認しようとしているのでは、その存在意義を失ったと言われても仕方あるまい。

公明党の指南役などと言われた平野貞夫元参議院議員は、日本の国是である「非核三原則」は公明党の提唱だったことを明かしているが、核を持たず、作らず、持ち込ませずの国是を、いま骨抜きにし、核兵器禁止条約への署名・参加にも二の足を踏んでいるのが自公政権。その中核にいる公明党・創価学会の責任は重い。そしてこうした政治的混乱を生み出したのが池田大作の「天下取り」の野望だったことは、私の見聞した事実からも明らかだ。

第二回 「天下取り」の挫折と狡猾な反撃

昭和四二（一九六七）年一月二九日に行われた第三一回衆院総選挙で、初めて衆院選に進出した公明党は三二人の候補者中二五人を当選させ、一躍野党第三党に躍り出たことで社会の大きな注目を浴びた。

当時、公明党本部渉外部の職員だった私は、内外の人達から党本部に寄せられた意見・要望をまとめ、委員長室に届ける機会があった。初めて見る委員長室。主は不在。部屋の壁には一枚の写真と二枚の色紙が掛けてあった。

写真は前列中央の椅子に、創価学会第三代会長・池田大作氏が座り、その周りを衆院選で当選した二五人が胸を張って囲む集合写真だった。そして一枚目の色紙には、

妙法の　宝を胸に抱きしめて　君ら戦え　天下取るまで

とあり、二枚目の色紙には、

中原鹿を争うも　たれか王者の　師を学ぶ（土井晩翠の詩「星落秋風五丈原」の一節）

とあった。

遡ること一五年前の一二月、戸田城聖創価学会二代会長は、側近の大幹部を含む青年部幹部三七名を選抜して、「水滸会」という名の人材育成の会を発足。そこでは、政治・経済・文化・宗教など、社会のあらゆる現象をどう把握し対処すべきかを語りながら、〝天下取り〟の戦略・戦術を叩き込んだ。

後に「水滸会記録」などと言われるその発言録を記録したのが、当時青年部参謀室長だった池田氏だとされるが、そこには「水滸会」参加者の誰に聞いても「聞いたことがない」という戸田会長の遺言が二つ付け加えられたという。それは、

①　衆議院に進出せよ。

②　第三代会長を守れ、絶対に一生涯守れ、そうすれば必ず広宣流布ができる。

というもの。これによって、「水滸会」とは、池田氏が次期会長職を戸田会長から相伝される場であったかのような改ざん・粉飾がなされたと見られている。

そのことは、この記録の表題を、日蓮正宗の開祖で総本山・大石寺の開山でもある日興

上人の「遺誡置文二十六箇条」に擬して「水滸会遺誡置文二十六箇条」と権威付け、内容についても戸田会長の口伝であるかのように装った上で、戸田会長の死去まで門外不出の秘伝書として、聖教新聞社資料室に秘匿してきたのだった。

ところが昭和五四（一九七九）年に創価学会から造反した、池田側近の原島嵩教学部長がこれを密かに持ち出し、世間に公表したため、池田氏の「天下取り」の野望が明白となった。その主な内容とは、

①　総理大臣の座を奪い、日本を思い通りに動かす。
②　当然、自衛隊を動かす権限を持つ。
③　官庁や社会の重要ポストを青年部出身者で抑える。
④　金を使って百人ほどの国会議員を思い通りに動かすことが出来るようにする。
⑤　学会批判の言論については、青年部を使ってつぶす。
⑥　その他あらゆるところに手を打っておいて、一気に国家改革を行ってしまう。
⑦　昔の武器は刀、現在の武器は財力……。

しかし、皮肉なことに池田氏の「天下取り」の野望は、創価学会自体が引き起こした「言論出版妨害事件」によって、完全に挫折した。

この事件は根が深く、梶山季之・竹中信常・隈部大蔵・内藤国夫・塚本三郎各氏等多くの著作者が、学会・公明党に出版を妨害された。なかでも明治大学教授で政治評論家の藤原弘達氏の『創価学会を斬る』の出版を巡って、学会は藤原氏や出版元の日新報道に出版中止を要求したが拒否されたため、公明党の竹入義勝委員長を使って自民党の田中角栄幹事長（当時）に収拾を依頼したことが発覚し、世間を騒がせた。

事態を重視した日本共産党は、公明党に対して二五項目の公開質問状を送り、国会においては池田会長の証人喚問を要求した。

証人喚問を恐れた池田氏が考えたことは、共産党の手足を縛るための「創共協定」の伏線を敷くことだった。すなわち作家・松本清張氏の仲介で二度にわたって行われた池田会長と宮本顕治日本共産党委員長との会談などを経て、昭和五〇（一九七五年）七月に協定は成立し、創価学会と日本共産党は相互理解を確認、向こう一〇年間、敵視政策を撤廃することを約束しあったのである。

この協定について池田氏は、当時、東京・青山の寿司「満月」での御義口伝講義受講者との懇談会の席で、両者は相容れない立場ではあるが、薩長連合のように手を組み、驕る自民や財界に活を入れようと思った（趣意）と吐露している。しかし、池田氏による頭越しの協定締結に公明党の竹入委員長は、公安調査庁が破壊活動防止法に基づく調査対象団体としている共産党と手を結ぶことは、学会が同庁の監視対象にされることになると猛反発。これに池田氏は苦々しい表情を見せた。

だがその裏で池田氏は、矢野絢也公明党書記長に対して、学会は共産党と手を結んだが公明党は共産党を攻撃せよとけしかけた。矢野氏は「自分から協定を結ばせておいて、この二枚舌。ひどい話である」と述懐している。

市川雄一参謀室長の登場！

共産党攻撃は公明新聞主幹の市川雄一氏が請け負った。共産党からの二五項目の公開質問状には丁寧に反論する一方、返す刀で「憲法三原理をめぐる日本共産党への批判」と題して、七〇項目二〇〇余問の逆質問状を送付したのである。

逆質問状の送付に先立って市川氏は、公明党機関紙局内に理論派の記者を集めて共産党対策に本腰を入れ、共産党がそれまで公表してきたすべての書籍や文献を読み込み、問題だと思われる疑問点を整理したうえでメンバーに割り振り、公開質問状形式の原稿を提出させた。メンバーの原稿やゲラになった文章は市川氏によってうんざりするほど加筆訂正された。その粘りとしつこさは異常としか言いようがなかった。

二段階革命論、複数政党・信教の自由の危機、人民憲法と強大な軍事力――等々に言及した、一般に公明党と共産党との「憲法論争」といわれるこの論争で、共産党に一矢を報いたことに最も気を良くしたのが池田会長だった。そのことを象徴する場面を私は体験している。

公開質問状が書籍化された頃、学会本部五階の広宣の間で行われた創価学会男子部の主要幹部である参謀に対する参謀バッジの授与式での出来事である。

「池田先生が入場されます！」との司会者の甲高い声。颯爽と入場した池田会長は、題目を三唱した後、次のように語った。

「今日、この席で市川雄一を参謀室長に任命する（一瞬、会場にどよめきが走った。なぜなら、この役職は池田氏が会長に就任して以来、空席となっており、この役職に就く人は次期会長になる人と噂されていたからだ）。

なぜ、市川を参謀室長にするかと言えば、日本共産党と一番戦っているからだ。広宣流布の最後の仕上げは共産党との戦いになるだろう。今後、あらゆる戦いで、理論闘争で負けるようであれば私の弟子ではない。また、同様に今後、あらゆる選挙にもし負けるようなことがあれば、すべて今日集まった参謀の責任である」（趣意）。

そう語った池田会長は、自らが付けていた参謀の金バッジは番号がゼロ番であることを明かした上で、それを外して市川氏の胸に付け替えた。ちなみに一番・二番は青年部出身の副会長となっていた青木亨・福島源次郎の両氏、私は六〇〇番代だった。

後に市川氏は、池田氏が参謀室長の在り方を教えておくと伝授した内容を、公設第一秘書の私に漏らすことがあったので、その一部を紹介する。

＊「長期政権を維持するには、他に権力を分有しないこと」＝日本共産党の宮本顕治委員長を研究した結果の感想とのこと。

＊「目標を達成するためには、動かす事の出来ない現実からスタートし、鉄のパズルの中間目標を隙間なくはめ込み登攀させる」＝選挙勝利の方程式として。

＊「堅固な組織を作るには、問題を起こした人物に詫び状を書かせ、裏切れないようにし、後に昇格させる」＝池田の人事操縦術の要諦。実際、職場で競馬のノミ行為をしていた男を都議会議員に登用した。

＊「周りの部下にはすべてに忠誠度の点数をつけ、それに見合った付き合いをする。

九九％信用ができても、残り一％異質なことがある人間が一番怖い」＝秘書として仕えていた私に対しても、「それがお前だ」とレッテル貼りをされて警戒された。

＊「自分に反感を持つ人間には一杯飲ませ、自分の悪いところを教えてくれと言ってすべて吐き出させ、後に処分する」＝私が市川氏の秘書に決まる前にもこの場面に遭遇したが、ぺらぺら喋って左遷された友人に事前にアドバイスを受けていたので、黙して語らず、初代の公設第一秘書に登用された。

＊「トップの人事を替えたいときは、ナンバー2に裏金を持たせ、部下の人脈の流れを変えてしまう」＝皮肉なことだが、市川氏自身が後に池田氏による権謀術数によって失脚した。市川氏は小沢一郎氏と組んで新進党で自民党に代わる政権構想を模索したが、自民党の反撃によって窮地に立った池田氏は、自公連立に舵を切る過程で、「市川に騙された」などと発言し、市川氏を切ったのである。

第三回　「政教分離」の実態

「党員の数については、支部長（区議会議員）のもとに、党活動専従の副支部長と、各地区から壮年部・婦人部・青年部男女合計四人の党員を出してもらうということでどうか。いずれにせよ、学会組織の勢力分散は最小限にとどめるべきだ」（「草の根会」の質問会における池田大作会長の発言）

公明党が衆議院に進出し、学会が言論出版妨害事件を引き起こして以降、マスコミは、公明党と創価学会の関係は憲法に定められた政教分離の原則に抵触するのではないか、と疑念と監視の目を一段と強めた。冒頭の池田氏の発言は、そうした疑念を払拭するための一つで、まずは公明党議員の政治活動をサポートする党員組織の確立について、自身の考えを述べたものである。

通常、政党における党員は、その政党が掲げる政治理念や基本政策に賛同した人が、自主的に入党して政治活動を行うものであるが、公明党の場合は、学会の幹部に促され、割り当てられた学会員だけで構成されている。数についても基準通りなので昔も今も大きな変化はない。(私の場合、一三地区五〇名前後の学会員を派遣してもらった)。

党員には年間一〇〇〇円の党費を納めると、領収書代わりに党員証が交付される。活動は毎月一回の支部会に参加し、公明新聞などを教材にした政治学習会を行うことが中心で、普段は学会活動が主となっている。したがって学会幹部の了解なしでは、議員が勝手に党員を動かすことはできない。要するに形ばかりの政教分離を装っているに過ぎないのである。

次に、部外者には知られていないことで、選挙前に行われる党公認予定候補決定までのカラクリについて明らかにしたい。

まず第一義的に候補者の名簿作りは、党ではなく、地元創価学会の専権事項となっている。出馬要請の面談では、地域開拓のドリルとなって戦い、学会および会員を守ることを要求される。これに本人・家族が同意すれば、党の東京都本部へ推薦書の名簿が通知される。名簿を受け取った党都本部は、それを党公認予定候補と銘打って、逆に例えば私の地元の東京都大田区を例にとるならば大田創価学会に支持依頼をする。依頼された学会組織は、内部に常設されている「社会協議会」を開き、形式的な審査をした後、了承した旨の結果を党に通知する。通知を受けた党は機関紙・公明新聞に党公認予定候補として発表、同時に学会は聖教新聞に、党からの依頼を受け、社会協議会で厳正に審査した結果、支援を決定した、として名前を発表している。

このような有権者の目を欺く茶番劇のカラクリは、今後厳しく断罪されていくであろう。そもそも公明党には、国会議員から地方議員に至るまで、候補にすべき手持ちの人材は一人も持ち合わせていない。すべて学会にお任せなのである。したがって、三〇〇〇人いると豪語する公明党の議員は、全員が学会の幹部・活動家から選ばれており、退職後はまた学会の幹部として活動する人たちばかりなのである。

次に公明党の選挙時の実体について述べてみたい。通常、告示日の一年前になると、学会幹部の中から、支援長という名の当選責任者が発表される。以後、支援長のもと、青年部の幹部による企画室という裏選対が作られる。ここでは、投票日当日までの作業スケジュールが作られ、それに合わせた様々な戦略・戦術が企画立案される。例えば、候補の人物、公約等を紹介するリーフレットや事前ポスターの原案などは彼らが作成し、その後、地元創価学会の最高会議で検討され、了承されて初めて町中に出回る。

選挙本番における遊説隊やウグイス嬢などの選挙運動員は、すべて学会の男女青年部の幹部・活動家が担っている。また、電話による支持依頼は切れ目なく婦人部が担当。候補者ごとの選挙事務所は陣中見舞いを集めやすくするために、毎日場所を移動させ、そのための建築・解体の作業は学会員の大工らが無償で担当する。選挙事務長も学会幹部が担当し、問題が起これば支援長の指示を受けて対応する。なかでも陣中見舞いを統括する出納責任者には、学会の最高幹部に信頼の厚い幹部が任命され、極秘に金の出し入れを行っている。例えば、学会の最高幹部から支援活動に金がかかったと言われ、陣中見舞い金から対応したとの話を何度も聞いたことがある。その財源は、学会の支部幹部以上の見舞金であれば、後でトラブルことは無いと判断し、収支報告書には記載せず、裏金として臨機応変に対応して、との証言も耳にしている。

これが国政選挙ともなれば、陣中見舞いの金額も口数も桁違いに大きくなる。陣中見舞いの受付事務の担当を命じられた秘書の中には、代議士から一〇万円以上の大口の支援があった場合は、即座に直接お礼の電話をしなければならないので、自宅に持ってくるように指示され、せっせと届けたという話もある。

いま自民党の裏金事件が大きな政治問題となっているが、「清潔の党」を標榜する公明党そして創価学会においても、およそ清潔とは程遠いきな臭い話を議員在職中、私は何度も耳にしている。

学会主催の出陣式の実態

こうした学会主導の選挙活動は、公示前日に行われる出陣式にも色濃く見て取れる。竹入義勝・矢野絢也両委員長時代には、国政選挙や都議会議員選挙の時には、午前九時前に東京在住の全議員が党本部に集まり、三階の大広間に隠された仏壇の扉を開き、秋谷栄之助会長の導師による必勝祈願の勤行唱題が行われた。その後、タスキに鉢巻の姿の候補者が決意を披歴し、中央突破で出陣する姿を拍手で見送った。委員長の挨拶の後、最後に秋谷会長の指導を聞き解散した。

その後、こうした出陣式のスタイルが外部に漏れたら、誤解を招くと反省したのか、山口那津男代表に代わってからは、会場は巣鴨にある学会の戸田記念講堂に変更された。しかし、やることは以前と同じ内容で、学会主催の公明党支援の出陣式ということで、勤行唱題の後、山口代表が登壇し、タスキ掛けの候補者を一人ひとり紹介して支援を訴えた。事実上、学会と公明党の合同出陣式を学会の施設内で行ったわけである。その際、都内在住の公明党の全議員は、別室の広間に集められ、同時中継のテレビ画面を見ながらメイン会場の学会員と呼吸を合わせた。出陣式が終わると秋谷会長や現在の原田稔会長らが、議員が待機している部屋に姿を見せ、短い指導を行った後、「共に戦おう！」と気勢を上げた。

また、選挙の半年前頃になると、議員は毎週学会の施設に集められ、副会長の導師で必勝祈願の勤行を行い、池田会長の小説『人間革命』を輪読した後、選挙情勢の報告と分析の検討が行われた。最後に、議員活動を担当（監視）する学会幹部に、全議員が一人一人、一週間の成果報告をさせられた。

このように、四六時中、学会の施設内に公明党の議員を集め、選挙活動の打ち合わせを行っている学会に、固定資産税を無税にする理由はないのではないだろうか。

日本国憲法は宗教団体による政治権力の行使を禁止している。この観点から、各種選挙における公明党の公認候補選定の過程には、大いに問題ありと言わざるを得ない。公明党の所属議員に、非学会員の割合がゼロという事実が何よりの証拠だ。

平成五（一九九三）年八月に、非自民・非共産八党派による細川連立政権が誕生、公明党からは神崎武法（郵政大臣）、坂口力（労働大臣）、石田幸四郎（総務庁長官）、広中和歌子（環境庁長官）の四人が入閣を果たした。

ところが、この情報が政府の発表前に創価学会に流出し、池田会長が学会の本部幹部会で全国の会員にバラしてしまったのである。このことは私がかねてより危惧してきた重大問題で、政権与党入りした公明党は、国家機密事項を知り得る立場となり、それが民間の一宗教団体・創価学会に日常的に筒抜けとなる時代になったのである。この情報が独り歩きして、国益を失うことにでもなったら一大事である。したがって、公明党には口封じの手立てをとる必要がある。

また、その時の池田氏の言い草が問題で、「公明から大臣が出る。みんなの部下です。しっかり使ってやってください」（趣意）と。

この発言は、学会員に公明党の大臣を使って利益誘導しなさいと促していると言われても仕方なかろう。過日、『週刊ポスト』が「公明党が〝学会ファミリー企業〟に政治資金年間一〇億円支出！」と報道したが、まさに「金の流れは政治の流れ」、泥沼と化した自民党は当然のこと、怪しげなことが多い公明党の政治と金の問題にこそ光を当て徹底追及すべきである。

　本書第一部を終わるにあたって私は、「政界浄化」「大衆福祉」そして「恒久平和」を希求する宗教政党という看板を掲げて、政界に乗り出した創価学会・公明党が、その理想とは裏腹にいま「政界汚濁」と「福祉切り捨て」そして「軍事国家」へのお先棒を担いでいる実態に、深く失望するとともに、憤っている。私の体験の上から、その責任の所在はどこにあるのかを明らかにすべく、慙愧の念とともに拙文を記したことを最後に認めておきたい。

第二部

自伝小説

願兼於業——命と向き合う人生

序　章　古里・山形での原体験

「ぱぱぁー、芽が出てきたわよぉー」

と、庭先から妻の声がした。

令和六（二〇二四）年六月の初め、妻が南側道路沿いの高台の庭に、ヒマワリの種を五〇粒ほどまいた。一週間ほどで、かわいらしい黄緑色の双葉が、土の中からひょっこり顔を出した。

（なんとかわいらしいのか。しかも、成長が早い）

その後、ヒマワリは、遮るものが何もない日差しをいっぱい浴びて、天高くスクスクと伸び、花になるつぼみを見せ始めた。

（この調子だと私の誕生日の八月七日〈ハナの日〉には、見事な大輪の花となって道行

く人たちに〝笑顔〟を見せてくれるに違いない）

そして、私はふと思った。

ヒマワリは大輪の花を咲かせた後は、新たな命を秘めた種をたくさんつくる。それが風に吹かれて地に落ち、また新たな芽を出し、花を咲かせる。

種《たね》から花へ、花から種へと、幾度でも生死の中に流転を繰り返す……。

（では、人間の場合はどうなんだろう）

例えば、Aという人間の生命は、死ねば一巻の終わり、あくまでも、「今世だけのものでしかない」と断言してよいのであろうか。

（人間には来世は無いのか。逆に、過去世は無かったのか……）

さらに、人間の精子と卵子が結合すると、男女どちらかの新たな生命が誕生する。

しかし、生まれた子どもはそれぞれ違った遺伝子をもっていて、たとえ双子や三つ子であっても、姿形は似ているようでも、必ずどこかが違っている。一人として同じ容姿・性格の人間はいない。

それればかりではない。

人間は、それぞれが、どうすることもできない、違った運命を背負い、人間社会の桎梏《しっこく》の中で生きている。

そうした「違い」はどこから来るのか。

仏教では、世の中の現象は、原因無くして結果が生じたり、原因はあるのに結果が生じない、などということは何一つない、という徹底した因果の理法を説いている。

すなわち、あらゆる現象は、過去・現在・未来という、三世にわたる連続した因果の集積によって定まることを解き明かしている。

そこで大事なことは、「善因は善果を招き、悪因は悪果を招く」と言うことだと説く。

したがって人間は、善果を得るために、日々、瞬間々々、善因を積むことに精を出している。

私は、人の臨終に何度か立ち会ったことがある。そこで目の当たりにしたのは、生から死へ転換する瞬間には、その人間の魂が、体から抜けていくように思えたのである。

すなわち、頭がいったん、かすかに上に引きずられ（ここまでは、まだ生きている）、次の瞬間、元の位置に頭は戻る（死）様を目撃したのである。この息を引き取る瞬間は、まさに、その人の生きた魂が、肉体から抜けて、どこかへ旅立ったように思えたのである。

ここで言う魂とは、心ではない。心と肉体が一体となった生命であると仏教では説く。

そもそも、心は生きた肉体の中に育まれてこそ作動し、肉体もまた、生きた心の指令によって作動する。それが生命であり、魂だと言いたいのだ。

いみじくも、末法の法華経の行者・日蓮大聖人は「色心不二なるを一極《いちごく》という」と言われ、色法（肉体の働き）と心法（心の働き）は不二、すなわち、分けることのできない一体のものであり、それが一極、すなわち、最高の価値ある生命であると明かしている。

そうであれば、死とは、色心の活動がストップした状態、ある意味では、眠っている状態と考えると、その先に見えてくるものがある。

寝ているときは完全に死んだわけではないが、音や明かり、振動などの縁に触れると目が覚め、色心の活動を再開する。

その際、注目したいことは、寝る前と同じ状態から生命活動がスタートする点である。

仏教では、人間の生命は、こうした生死を永遠に繰り返すと説いている。

永遠の生命論は、厳密には、科学の手法で解き明かすことは絶対に不可能である。なぜなら、永遠の生命論は、覚知法という、仏の悟りの世界であり、形而下をテーマとする科学にはなじまないからだ。

多くの人の中には「人間、死ねばすべてが終わる。だから、生きている間は、好き勝手にやりたいことをやればいい」と考え、悪に手を染めてしまう人がいる。

しかし、大半の人は、真面目に働き、法を守る、という道徳的歯止めを持っていて、最後は有終の美を飾り、自分の人生を終わりたい、と思っている。

これこそが、無意識的に、来世があることを示唆している証拠のような気がするのである。

ヒマワリを見ているうちに、不可思議な、人間の生命についての思いに話は及んでしまったが、この章の表題に戻りたい。


私が生まれた「故郷」は東京・品川区の上大崎である。だが、幼少期から大学卒業まで育った「古里」は陸奥（みちのく）・山形（市）である。

父・清之助と母・コトは、昭和八（一九三三）年に結婚、目黒の不動前の近場で、小さな店舗を借り、紳士服の仕立業を営んでいた。

両親は高等小学校しか出ていなかったが、父は本職には自信があったようで、店の評判は上々、固定客が広がり、多忙な日々を送っていた。

母は父が作った型紙に沿って、洋服の生地を裁断する手伝いをしていたが、少しでもズレようものなら、父は激怒し「こんなものを客に渡せるか！」と大喝、ハサミでジョキジョキ切ってしまうというほど、短気で几帳面な職人だった。

私が生まれた昭和一八（一九四三）年八月七日は、大東亜戦争の真っ最中だった。ハワイの真珠湾を奇襲攻撃された米軍は、昭和二〇（一九四五）年三月一〇日の未明、B29戦闘機約三〇〇機で、東京の下町に焼夷弾絨毯爆撃を行った。

この惨状を目の当たりにした私たち一家は、同年の四月に、政府の勧めに従い、東京から遠く離れた父の実家がある山形へ、疎開することを決断した。

両親と長女、次女、兄と幼い私の六人は、着の身着のまま、父の商売道具の大きなミシンだけを列車に持ち込んだ。鈴なり状態の乗客からは「なんでこんな場所を取る物を持ち込むのだ！」と苦情が飛び交った。

そのとき、私は一歳八カ月になったばかりであったが、そのミシンの上に、お地蔵さんのようにちょこんと座っていたらしい。その光景に気づいた周りの人たちは、黙ってしまったという。

列車が上野駅を滑り出し、大宮駅に停車していたときに、突然、車内放送が流れ、自宅だったアパートの周辺一帯が、空襲に遭ったことを知らされた。わずか数時間の差で一家は命拾いをした。

その日の夕方、一家は山形駅に降り立った。早速、駅から徒歩三〇分ほどの小荷駄町（現在は三日町）というところにある、古びた平屋一戸建ての木造住宅（３ＤＫ）を借りることになった。

姉と兄たちはまだ中学・高校生だったため、父一人が一家の稼ぎ手だった。戦時中のことで、近所の人たちも貧しい家が多く、父は着物や洋服の直しなどを手伝って、そのお礼には、地元の野菜や果物、米などの食料品を頂くという〝物々交換〟で、家族は辛うじて飢えをしのぐ日々を過ごした。

父はある日、鉄道弘済会が各種洋服の仕立て職人を募集しているとの広告を見て、早速、採用試験に応募し、結果は見事に合格した。

しばらくして父は、腕の良さを認められ、一四、五人ほどの職員を指導する工場長に抜擢された。五〇歳手前の頃だった。これによって一家の生活は貧しいながらも、少し安定してきた。

その後、長女の陽子は、市立北（女子）高を卒業し、旧大蔵省山形財務事務所に就職、結婚して家を出た。

　次女の節子は、中学卒業後、勉強が苦手だったのか、小料理屋の女中として働きに出た。後に、店のおかみさんに乞われて、経営を引き継いだ。明るく人の好い性格と、お酒に合うおつまみ料理がおいしいと評判となり、店は毎夜、県庁職員などでごった返した。

長男の兄・隆行は、地元の山形商業高校在学中に、自宅で珠算塾を開き、月謝一五〇円という安さで、近所の小中学生一〇〇人ほどの塾生を、三回に分けて教え家計を助けた。高校卒業後は日本生命に就職、一〇回ほどの転勤を命ぜられたが、行く先々の支店で、常にトップの業績を上げ続け、地方の支社長にまで上り詰めた。

　この長男の支援もあって、山形で生まれた六歳下の弟・孝志は、在学中、アルバイトをすることもなく、授業料の高い私立日本大学山形高校から日本大学法学部法律学科へと進学、卒業後は第一信用金庫、富士紡カタンで営業のノウハウを学び、三年後にはプランタン美術という会社社長として、全国のデパートの外商部と連携し、肖像画を販売する仕事を七五歳まで続けた。

　さて、肝心の私・靖夫は、先ず、母の話によれば、よちよち歩きをしている頃は、誰が見てもかわいいはずなのに、周りの人たちからは、あやしても笑わない子だったためか

「かわいい」と言われたことは一度もなかったという。
四、五歳の頃から外遊びが大好きで、家には暗くなるまで寄り付かず、冬になると狭い敷地内に「雪のかまくら」を作って、朝まで穴倉でよく寝た。また、天気の良い日は、屋根に蓆《むしろ》を敷いて、青い空と白い雲の流れを見ながら寝るのが好きだった。
夏休みになると毎日のように、最上川支流の馬見ヶ崎川へ行って終日、水遊びをした。この川は川幅が広く、五〇メートルはあったように記憶しているが、河原のため水量が少なくて、泳ぐことができない。

しかし、なんとか一夏で「泳げるようになりたい」と、兄に無理やり頼んで、滝壺の近くの深く危険なダムのようなところで、立ち泳ぎや平泳ぎができるようになるまで教えてもらった。

川沿いの歩道には薄いピンク色の桜並木が続き、秋には河原で石の窯を作り、芋煮会をして楽しんだ。今では、直径六メートルほどの大鍋で、移動式クレーン仕様機・バックホーを使用して、三万食の芋煮を作るフェステバルは日本一である。

興味関心のあることには、凝り性だった私は、小学一年のときから兄にそろばんを習い、三年生の終わり頃、日本商工会議所主催の検定試験一級に合格した。

四年生になって間もないある日、校内放送で「有川靖夫さん、至急、校長室に来てください」と呼び出された。

（何か悪い事でもしたのだろうか？）

と疑心暗鬼で校長室のドアを開けて中に入ると、ニコニコ顔の校長と、大手新聞社の記者が待っていて、取材されることになった。翌日の地方版には「珠算の天才現われる！」との活字が躍った。

この頃から今日に至るまで、私の頭の中には、四つ玉の透明なそろばんがインプットされていて、頭の中で勝手に玉が動き、即座に計算ができるのだ。

この頃、母に頼まれて、八百屋さんに買い物に行ったときのこと。

「おじさん、この納豆七つと卵一パック、それとこのスイカ一個とトウモロコシを七本ください」

と言って、五〇〇〇円札を渡し。間髪を入れず
「おつりは二〇七〇円ですね」

と言うと、八百屋のおじさんは、不思議な顔をしていたが、大きなそろばんをはじいて、同じ答えが出ると意味が分かったらしく、にっこりして褒めてくれた。その表情を見

るのが楽しみだった。

私が小学五年生の頃、隆行兄さんが山形商業高校に入学して間もなく、自宅でそろばん塾を開業した。以来、私も兄の手伝いをするようになって、丸五年間、子どもながらも珠算塾の先生と言われる立場になって、家計の一端を支えてきた。

小学六年生のとき、待ちに待った修学旅行があった。行き先は山形県鶴岡市の湯野浜温泉。そのときの感想の作文が宿題になり、全員が教室で発表することになった。ところが、一生懸命書いた作文のノートを、家に忘れてきてしまったのである。

（困った、どうしよう！）

時間は容赦なく過ぎ、自分の番は刻々と迫ってくる。

「次は有川さん」

と指名された私は、すっくと立ち上がり、白紙のノートを開き、前日書いた感想文を思い起こしながら、スラスラ読み上げたのである。適当な間隔でノートを五、六回めくったところで終了したのだが、誰にも気づかれなかったようだった。

見たこと、聞いたこと、体験したことを再現する能力に長けていたのかもしれない。

姉の節っちゃんは、無類の時代劇映画のファンで、月に三回は私を誘った。おかげで私も時代劇が好きになり、好きな俳優が出る映画がかかると、姉に催促して連れて行ってもらった。

片岡千恵蔵の遠山の金さん、市川歌右衛門の旗本退屈男、嵐寛寿郎の右門捕物帖、長谷川一夫の銭形平次、その他、大友柳太郎、月形龍之介など、いずれもヒーロー的名優による勧善懲悪ものは、見逃したことがない。

しかし、中学生になると、「人生の目的とは何か」「人生如何に生きるべきか」「自分の使命とは何か」などと考える哲学少年に変わった。

その答えを得るために、さまざまな小説や哲学書を読み漁った。土曜の午後と日曜日には、リュックサックに、本を数冊入れ、他には、自分で握った梅干し入りのおにぎりと、カバヤのキャラメル、でん六豆、などを詰め込み、家から徒歩三〇分ほどでたどり着ける千歳山に登った。

この山は標高四七一メートルのおむすび型をしており、頂上に近いところには、大きな岩が幾つか散らばっている。その一つにまたがると山形市内が一望でき、涼しい風に吹かれて読書を楽しむことができた。

武者小路実篤、亀井勝一郎、有島武郎、志賀直哉、吉川英治、モンテスキュー、デカルト、カント、マキャベリ、孔子、孟子、マルクス、レーニン、サルトル、ヤスパース……などを読み、心にしみた言葉には赤線を引き、判読してはわが身に当てはめ、自分の生き方を思索する、少し早熟な少年期であった。

第一章　父の業病と格闘の日々

中学三年生の後半になると、クラスメイトは皆、高校進学の受験勉強に集中し始めた。が、私は比較的のんびりとした生活を送っていた。

というのも、学校の中間試験や期末テストでは、いつも上位の成績を修めていたので、なんとかなるだろう、という気持ちがあったのかもしれない。翌年の春、私は、志望の県立山形東高校に無事合格した。

この時期の私の関心事は、「個性とは何か」「個性を磨くにはどうすればよいのか」という問題で頭がいっぱいだった。

同時に、こんなことも気になって仕方なかった。それは、隣の家と我が家を比較するとその差があまりにも大きすぎて、ショックを感じていたのである。

隣の家は、約五〇〇坪は下らない広い敷地に、分厚いヒノキをふんだんに使ったお城のようながっちりした二階建ての瓦屋根だった。

遊びに行ったとき分かったのだが、部屋数は一二、三室もある。庭には大小の灯ろうが配置され、心という漢字に似せた形の池があって、鮮やかな色をした錦鯉が何匹も泳いでいる。そして、車庫には高級車が二台。

これに比べると我が家は、トタン屋根なので、ちょっとした雨でも音がうるさい。家は築三〇年もたった木造平屋で、板塀を支える柱は腐りかけ、台風が来たら倒壊する危険があった。

八畳、六畳、四畳半の三部屋に、家族七人がひしめいての生活なので、勉強部屋など確保できるはずがなかった。

（なぜ、こんなにうちは貧しいのか）

そう考え始めると、勉強に手がつかなくなった。

その上、我が家には、誰にも話せない大きな悩み事があった。

（もし、これが近所の人に知られ、うわさが広まったら、どうしよう……）

その悩み事とは何か。

私が中学三年の終わり頃のことである。

家族全員が深い眠りに入った午前二時過ぎ、父が突然大きないびきをかき始めたのである。これを最初に気づいた母は、

「お父さん、静かにしてよ。みんな眠れないじゃない」

と父の体をゆすって注意を促した。

しかし、父の高いびきは一向に収まらない。おかげで家族全員が起こされてしまった。

母は懸命に父の体を揺すって起こそうとしたが、目覚める気配が全くないのだ。

高いびきが一〇分ほど続いた後に、今度は
「ウワー」

という大声を、続けざまに出し始めたのである。

（この声が近所に聞こえたら大変なことになる！　何としても抑えねば！）

母は急いで、掛け布団を父の顔に被せ、声が漏れないようにした。

ところが、事態はこれで収まらなかった。大声を出し続けてから五分ほどたつと、今度は立ち上がって、あたりかまわず、頭を柱にぶつけようとするのだ。

危険を感じた私は一瞬、足払いをして父を倒し、今度は全員が布団をかぶせ、馬乗りになって声と体の動きを抑え込んだ。

立ち上がろうとする父の力は半端なものではなく、私と兄が抑え込むしかなかった。それから一〇分ほどして、父の発作は収まり、正気を取り戻した。

「お父さん、大変だったのよ」

と長女が状況を説明すると。

父はケロッとした表情で

「そんなことがあったのか?!」

と全く身に覚えがないというのである。

悪気のない言葉を聞くと、誰も父を責めることはできなかった。

翌日、市内の脳神経外科病院で診察してもらったが、種々の検査の結果、医者は特に異状は見当たらないと言うのだ。

父の病気は謎めいていた。

それ以降、発作は連日連夜続いた。

一体、何が原因で、このような発作が起こるのだろうか。医者ができることはただ一つ、病気を治すことはできないが、薬で発作を和らげることはできると言われた。

心配になった母は、

「その薬を飲み続けた先はどうなるのでしょうか」

と聞いたところ、医者は
「脳が酢漬けのような状態になって、死に至る可能性が高い」

と、冷たい返事だったと言う。

ただ、父には一つだけ、脳障害を起こす原因らしき事件があったようだ。

それは、近所の一人暮らしの将棋仲間の友人に、胃がんの手術に立ち会ってほしいと頼まれ、応じたことがあったという。

そこで、手術中の大量の出血を見ているうちに、急に気持ち悪くなって、一瞬、意識を失い、体のバランスを欠いて、タイルの床に、後頭部を打ってしまったことがあったという。

その日は入院することも無く、出血した頭の傷の手当を受け、帰宅した。

そのときの打撲によって、何らかの脳障害を起こし、半年後に発作というpＴＳＤ（心的外傷後ストレス障害）が起こったのかもしれない。当時はＭＲＩによる精密な脳の検査はできなかった。

脅威的、破壊的ストレスの体験後は、フラッシュバック睡眠障害逃避行動などの症状が永く続くことがあると言われている。

薬を飲むと、確かに発作は軽くなった。だが、正気に戻るまでの時間が二倍になった。これでまた、眠れぬ時間が長くなり、家族には新たな悩みの種となった。

こうした状態は、それから毎晩のように長く続くことになったのだ。

医学の限界を聞かされた母は、何とか治したい一心で、神仏を頼って宗教の世界に救いを求めた。

霊友会、妙智会、立正佼成会、仏立宗、稲荷信仰など。仏間には一年中、線香とロウソクが絶えることはなかった。

そんなときである。

父の職場の部下で、創価学会の地区部長という役職をしている宮坂さんという壮年の方が、ちょうど、山形へ地方指導に来ていた東京の大幹部を連れて、父の病気見舞に来てくれた。

夜の発作が起きてから、父は終日、無口になり、結局、鉄道弘済会は退職を余儀なくされた。その日、父は散歩に出かけ不在だった。姉と兄たちは出勤していたので母が接客し、私は隣の部屋でふすま越しに客の話に耳を傾けた。

客の話は概ね次のような内容だった。

①　人生の目的とは何か
②　人間の幸福とは何か
③　病気の原因について
④　釈迦と日蓮の関係
⑤　間違った信仰の恐ろしさ
⑥　日蓮の立正安国論について
⑦　創価学会の目的とは何か

……

紳士的で、張りのある声で、理路整然と話す幹部の話に、私は興味津津で引きずり込まれていった。とりわけ、日蓮正宗の本尊を拝めば、満々たる生命力が湧いてくるので、どんな困難な問題に遭遇しても、必ず乗り越えていく力が湧いてくる、との確信ある言葉に魅力を感じた。

母はいろいろな新興宗教をやってみたが、父の病気は改善されなかったので、これが最後との思いで入会を考え始めた。その後、私も、宮坂さんが貸してくれた学会の出版物・『折伏教典』をむさぼるように読んだ。

確信にあふれた明解な内容が、私の体に染み込んだ。なかでも、創価学会の第二代戸田城聖会長の永遠の生命論は、自分が考えていたテーマにズバリ答えるものだったので、興味津々で読んだ。

また、牧口常三郎初代会長の価値論も、抵抗なく理解できたので、昭和三四（一九五九）年一月、冷たい雪が降りしきる中、家族全員が日蓮正宗正命寺において、入信のための御授戒という儀式を済ませ、信徒となった。

新しく購入した仏壇に御本尊を安置、朝の五座と夜の三座の勤行のやり方を教えてもらった。

（いよいよ、信仰体験の始まりだ）

頂いた御本尊は、日蓮大聖人が自らの魂を墨に染め流して書かれた、本門戒壇の大御本尊（日蓮正宗総本山に安置）に直結した御形木《おかたぎ》御本尊である。

初めての勤行で感じたことは、法華経の一部を読経した後、南無妙法蓮華経と題目を五分、一〇分と唱えていくと、声に張りが出て、元気が横溢してくるのを実感した。終わった後、鏡を見たら、目が輝いている。顔色も赤みがさして、張りを感じたことが思い出される。

翌朝、通学時の足取りが軽く、自然に鼻歌が出ている自分に気が付いた。

また、勉強に対する影響では、英文の訳し方がダイナミックになり、分かる箇所と分からない箇所を押える力が増し、辞書を引くスピードも速くなった。

さらに、期末テストでは、難問は後回しにしたので、制限時間内に解ける問題を取り残すことが無くなって、成績は上昇した。

だが……

肝心の父の病状だけは一向に良くならなかった。

（なぜなんだろう……）

第二章 「願兼於業」へギアチェンジ

入会して、一つだけ合点がいかないことがあった。それは、創価学会とは独立した宗教団体なのだから、

（独自の教義と本尊があるはずだ）

しかし、それが見えない。

昭和五四（一九七九）年四月二四日に制定された学会の会則には、次のように書いてある。

「（教義）第三条　この会は、日蓮正宗の教義に基づき、日蓮大聖人を末法の御本仏と仰ぎ、日蓮正宗総本山大石寺に安置せられている弘安二年一〇月一二日の本門戒壇の大御本尊を根本とする」と。

（なぁんだ、学会の教義や本尊は全て、日蓮正宗に依存していたのか）

創価学会は宗教法人設立に際し、昭和二六（一九五一）年一二月一八日に、三カ条の遵守を宗門に約束していることを、あとで知った。

その内容は

① 入会した学会員は、日蓮正宗の信徒として　各寺院に所属させること。

② 当山（日蓮正宗）の教義を守ること。

③ 三宝（仏、法、僧）を守ること。

ということは、創価学会とはあくまでも、日蓮正宗のいくつかある講の一つであり、派生団体のようなものだったのである。

したがって、日蓮正宗創価学会という名称で登録されている。

機関紙の聖教新聞を熟読する中で、池田大作総務（後に第三代会長）の言動には最も魅力を感じた。

その理由は、「日蓮大聖人」、「日蓮正宗」、そして「弘安二年の本門戒壇の大御本尊」などの偉大さを、どの幹部よりも、力強く説くカリスマ的リーダーだったからである。

しかし、私の関心事は、池田氏の指導もさることながら、池田氏自身が信仰している、日蓮大聖人の教えそのものに、直接触れることだった。

とくに、世の中には、医者に見放された病気で苦しんでいる人は、たくさんいるわけで、そうした人には、どのように説いているか、一刻も早く知りたいと思った。

早速、「日蓮大聖人御書全集」を購入し、教学の研鑽に励んだ。

（この御書のどこかに、父の病気の解決につながる解答が、必ずあるはずだ！）

ある時、兄が私に声をかけてきた。

「靖夫、お父さんの病気は、一体いつまで続くのかね……」

めったに見せない不安そうな顔をしていた。

「本当に強情な病気だね。お母さんの心労は、限界に来ている」

「実は、俺も日本生命に勤め、今は山形支社にいるので問題はないが、近く転勤を命じられそうなんだよ。陽子ちゃんは結婚して兵庫へ行ってしまったし、家のことはお前に頑張ってもらうしかない……」

「うん……。でも兄貴、心配いらないよ。俺は友達から〝鉄人28号〟と言わるほど人一倍頑健な体だし。肺活量は五〇〇〇ccあるんだよ。毎夜のお父さんとの格闘は、俺一人で大丈夫だ。それに……」

「それに？　何だ？」

「今、大学受験の勉強をそっちのけで、日蓮大聖人の御書を、徹底して学んでいるのだが、その中に、病気の原因について明言している箇所が二、三ある。なかでも、医者が治せない病気についてコメントしている独特な見解を述べている箇所があるんだ。しかし、これがどうしても理解できないので、何とか分かりたいと、ずーと考えているところなんだ」

「なるほど」

「とにかく、永遠の生命を悟った仏様の言うことだからね。凡夫の頭では理解できないことなのかもしれないけどね」

「ということは、信じるしかないということになるね」

「それが正解であることも分かっているんだが、ぎりぎり、実感を持ちたいんだよ」

「それは求道心の問題だから、良いんじゃないのか」

「そうだね」

「転勤しても毎月仕送りはするからな」

「ありがとう、兄貴」

月が替わると、兄は岩手県花巻支社の支部長として栄転することになった。着任後の手紙によれば、業績をあげるのに四苦八苦している様子が、るる書いてあった。

私の方は、毎夜、父の発作で叩き起こされ、格闘する日々が続いた。

(こんなことを余儀なくされている子どもが、この世の中に、他にいるだろうか。なぜ、自分だけが、こんな目に遭わねばならないのだ)

と、やるせない気持ちがこみ上げてくることが、たびたびあった。しかし、どこにもぶつけるところがない。

すると、この悩みというのは、次第次第に、父の問題というよりは、自分の問題であると受け止めるようになり、それをどう解決していくかに、目が向けられつつあることに気付き始めた。

そして、ついに、私の苦しみが救われるときがきた。大聖人の深い教えが見つかったのである。

開目抄という御書を詳しく理解しながら探求していったときに、強烈なひらめきを覚えたのである。

それは、わずか四文字の言葉だった。

〔願兼於業〕

「がんけんおごう、願い、業を兼ねる」と読む。

（初めて出会った教えだな）

この意味は、仏にとって「願い」とは、法華経の教えが優れているがゆえに、自然に大慈悲の心が起こり、衆生を救いたいとの願いが高まってくる。

「業」とは、過去世の善悪の業によって、その報いとして相応の世界・国土に生まれるとの意。

しかし、仏道修行を行う仏は、その功徳によって、常に善処に生まれることになるので、悪処に生まれて苦しむ民衆を救済するためには、あえて、自らの清浄な業の報いを捨てて、悪処に生まれるために、悪業の因をつくり、民衆と同じ悪世に生まれて、民衆と同じ苦悩を一身に引き受け、仏法を弘通し救済するという教えである。

したがって、願い業を兼ねる、の願と業は全く同じ用《はたら》きをするので、仏も衆生と同じように、悪世の苦報に縛られた境界で生まれてくる。

法華経の法師品第十で、釈迦は、次のように予言をしている。

「薬王当に知るべし、是の人は、自ら清浄の業報を捨てて、わが滅度の後に於いて、衆生を愍（あわれ）むがゆえに、悪世に生まれて、広く此の経を演《の》ぶるなり」

ここにある「是の人」とは、釈迦滅後二千年を過ぎた末法の時代に御出現された法華経の行者・日蓮大聖人を指していることは言うまでもない。

仏が凡夫と同じ姿で生まれてくることを「示同凡夫《じどうぼんぷ》」と言う。

大聖人は御書の御義口伝で「末法の仏とは凡夫なり凡夫僧なり」と述べている。

さらに、佐渡御書には「日蓮今生には貧窮下賤の者と生れ、（漁等を専業とする）旃陀羅（せんだら＝最下級の身分のこと）が家より出たり」とある。

しかし、

（御本仏が凡夫であるはずがない。凡夫の姿で生まれてくるためには、あえて悪業を作らねばならない。そうだ！　大聖人こそ、願兼於業の人なのだ！）

そして、願兼於業の人が末法の御本仏日蓮大聖人であるならば、門下の自分もまた（願兼於業の人として末法の世に正法流布の大願をもって生まれてきたのだ!!）

と深く自覚した。

早速、私は、願兼於業という法華経の法理を、我が身に当てはめるとどうなるのか、具体的に検討し、信心活動の確固たる方針を立てる作業に着手した。

私が過去世に於いて、悪世末法の世にどのような悩み苦しみを抱えて生まれてくる人々を救おうとしたのか、そして、そのために、私は、どのような悪業をあえて自らが作ったのか、を考えた。

日蓮大聖人の開目抄には、次のような御文がある。心地観経に曰く

「過去の因を知らんと欲せば其の現在の果を見よ」

「未来の果を知らんと欲せば其の現在の因を見よ」

そこでまず、私自身の「現在の果」として現れている悩み、苦しみとは何かを検討した。

第一は、医者が見放した父の病気の原因は何かが分からない。

第二は、その父の病気のために、毎夜タタキ起こされ、安眠できないのはなぜか。

第三は、隣の家と比較して、あまりにも劣悪な住環境なのはなぜか。

第四は、山形県内随一の進学校に合格できたのに、家庭の事情で家を離れ、仙台や東京の希望する大学受験を考える余地すら、全く閉ざされたのはなぜか。

この四点は煎じ詰めれば、父の業病と一家の貧困問題の二点に絞られた。

次に、日蓮大聖人は、太田入道殿御返事で、病の起こる因縁については、次の六つを明かしている。

①　四大順ならざる故に病む（天候の不順によっておこる）
②　飲食節ならざる故に病む（暴飲暴食）
③　座禅調わざる故に病む（不摂生）
④　鬼便りを得る（伝染病の類）
⑤　魔の所為（心の病をもたらす邪宗教による害毒）
⑥　業の起こるが故に病む（身・口・意の悪業による業病）

このうち、④までの原因による病気は、医学の力で治すことは可能だが、⑤⑥については、医学の力では治せない。

ということは、父の病気は医者がさじを投げたように、医学の力では治せない業病に属する病だと結論付け、その上で対策を講じることに切り替えた。

さらに、御本尊の右上方に

「若悩乱者頭破七分」

左上方には

「有供養者福過十号」

とあることの意味を検討した。

これは、この御本尊に対し悩乱する者は、頭が七つに破れ精神障害に落ちる。逆に、供養する者は、福十号に満たされる、と、罰と功徳の現証がハッキリ出ることを宣言しているのである。

確かに、誹謗中傷しても罰が出ないような本尊では、信仰しても功徳が出るわけがない。仏力、法力については、御本仏・日蓮大聖人が、絶対的な自信と確信を持ってあらわした本尊なのである。

であるならば、父の悩乱した業病の原因は、過去世に正法たる法華経を誹謗したか、さらに悩乱して、御本尊を破ったり焼却するなどの御不敬をした結果、頭破作七分（心破作七分ともいう）の罰の現証が出たことが考えられる。

ちなみに、罰とは他者の誰かが加えるものではなく、本人自身の選択・行為が招くものだと説いている。

では、周りの家族が、夜中に眠れないという悩みの原因については、どう説いているのだろうか。

これについて大聖人は、

〔与同罪〕

という教えを説いている。

この意味は、誰かが仏の教えに反することを行ったときに、そばにいながら、それを見て置いて、止めなかった場合は、同罪となる、と説き、「見」「置」の二文字を注意せよ、と戒めている。

ということは、私自身は過去に、正法誹謗や御本尊不敬はしなかったとしても、父が行った正法誹謗の行為を側で見て置きながら、それを止めなかったので、父と同罪という与同罪を背負うことになった、と解せられる。

まさに〔与同罪〕恐るべし、である。

それまで私は、父の病気は父の自業自得の結果なのだ、とばかり思っていた。

したがって、父の病気回復ばかりを必死に願ってお題目をあげてきた。そのこと自体はマイナスにはならなかったとは思うが、自分自身に与同罪があることに気づかなかったため、自分自身の罪障消滅に的を絞った真剣な題目を唱えてこなかった。この着眼点の違いこそが、大事なポイントだったことがハッキリと分かったのである。

したがって、家族全員が、自分自身の与同罪を自覚し、御本尊に懺悔滅罪の題目を唱えていけば、与同罪の罪は消滅する。その結果、真夜中の苦労から解放されることになる。ということは、父の病気は治るか、または、亡くなって業病から解放され、新しく生まれ変わるか、どちらかの、ハッキリした現証が出ることになる。

たとえ業病であっても、本人が御本尊を信じ信仰に励むのであれば、基本的には必ず治る、というのが大聖人の御確信であり、そうした体験談は後を絶たない。

いずれにせよ、業病の解決策は、因果の理法上、周りの家族も含め痛いところを指摘せざるを得ないため、素直に聞けない人が多いのが実情で、大変難しい問題ではある。

しかし、業病は医学や政治の力では、根本的な解決はできないことはハッキリしている。

その点、私は、願兼於業と与同罪をあえて作った理由も分かったので、いよいよ、これからが、「願兼於業の使命を果たす」人生のスタートとなった。

このことに気づいてから、私の信仰態度は一変した。父の病気は、父自身の問題とばかり思ってきたが、そうではなく、「自分自身の問題」である、と気付くことができたことが、何よりの収穫だった。

すると、長い間、父の病気で家族みんなが迷惑してきたとの思いが、逆に、父の病気のおかげで、家族全員が自らの罪障消滅をさせて頂けるのだと気付き、父に感謝の気持ちが湧いてきたから不思議である。

同じように、私の貧困問題も、それがゆえに、最高の教育が受けられないという桎梏も、願兼於業にギアチェンジしてからは、必ず好転するチャンスが到来する！　と確信できるようになり、胸が大きく膨らんだ。

以来、私の身辺の環境は目まぐるしく変化して行った。

その中で、私が学んだことは、大聖人の仏法は、徹底して自らの命に向き合い、汚染したあかを磨き取り除く、

〔引き算の信心〕

であるということ。

反対に、自の悪業を棚上げし、これでもか、これでもか、と、勲章で身を飾る名聞名利を求める生き方は、

〔足し算の信心〕

であり、大聖人は

「後生の絆《ほだし》」になるだけだと、強く戒めておられる。

そして、運命の日が訪れた。

山形大学入学式直前の昭和三六年の四月一日。

この日に限って父は、午前一〇時頃に静かないびきをかき始めた。また立ち上がって大声を出し暴れるのかなと、警戒したのだが、その気配はなく、軽いいびきを一〇分ほどかいた。

私は、そんな父の表情をじっと見つめながら、ふと感じた。

（父はこのまま今日死ぬのではないか）と。

私の予感は的中した。

顔を上に少し引き上げた後、元に戻し、穏やかな表情のまま、帰らぬ人となった。享年五四だった。

（お父さん、長い間お疲れさまでした。お父さんは、洋裁の腕一本で、私たち六人の家族を守ってくれました。おかげで、みんな自立し、幸せになりつつあります。

お父さんは私たちに、与同罪を気づかせ、罪障消滅させるために、業病を背負って生まれてきたのだね。

来世には、お父さんが、必ず健康な体で、正法の家に生まれてくるよう、追善供養をいっぱい致しますから、どうか安らかに眠ってください。

今世では父子らしい会話を交わしたことは一度も無かったけど、人には言えない業病を抱え、試練に立たされてきたことは、むしろ誇りに思っているよ。

お父さん、ありがとう。

来世は健康な体で生まれ、男同士、お父さんが好きだった山形の銘酒「初孫」を酌み交わし、いっぱい、いっぱい、楽しい会話をしましょうね）

私は、あふれる涙を、抑えることができなかった。

第三章　東北学生部初代書記長

父が業病に侵されたのは、私が中学三年の終わり頃だったから、丸三年間、毎晩眠れぬ日々を過ごしてきたことになる。そのことがトラウマになったのか、たびたび、真夜中に父が暴れる夢を見た。ハッとして目が覚め、我に返り、隣を見ると父がいない。

（ああ、父は死んだのだ）

私は毎晩起こされて、父に布団をかぶせ、近所に大声が漏れないように覆いかぶさってきた月日が、走馬灯のようによみがえったが、

（もう、その苦労はしないで済むのだ）

私は自分のそうした罪障《ざいしょう》を消滅し、悩み、苦しみから、やっと解放されたのだ。そう思うと、ほっとして、また二度寝することが何度もあった。

願兼於業の法理を知って、最大の試練を乗り切ってからは、我が前途は視界良好、阻む者はなにもなくなった。唯、この先は、願兼於業にギアチェンジし、大聖人の弟子として、一瀉千里、前進あるのみであると、心は弾んだ。

（次の目標は貧困がもたらす負の宿命を転換することだ）

貧困の報いを受ける過去世の悪業の因について大聖人は、次のように説いている。

「人の衣服飲食をうばへば必ず餓鬼となる」「持戒尊貴を笑えば貧賤の家に生ず」（佐渡御書）

この御文では、貧困の原因は、過去に他人の衣服を奪ったからとある。また、持戒尊貴な人を笑ったからとある。いずれも過去世の行為であるから、はっきり覚えているわけがない。しかし、今世における命の傾向性としてどうなのか。

かつて、スーパーで買い物を終え、用済みのカートを返そうとした時、前のカートに緑色した分厚い皮の財布が忘れられていたのを見つけた。外から見ても、各種のカードと万札で分厚く膨れ上がっているのが見て取れる。

その時、私は、忘れ物として店の職員に届けるべきか、どうするか、一瞬迷ったことがある。

普通なら当然、これは大変だ、今頃、落とし主は
（青ざめているに違いない）

と、即座にスーパーの忘れ物の係員に届けるのが当たり前だろう。

ところが私は、一瞬躊躇した。

気を取り直して届けたのではあるが、届けるまでに一瞬といえども時間差を作ってしまったことを反省した。

この一瞬の出来事で分かったことは、「他人の衣服飲食を奪う」行為が、過去世にあったのかもしれない、と思えた。

また、持戒尊貴な人を笑えば、貧賤の家に生ず、とあるが、今現在、他人をバカにする傾向が全く無いかといえば、これまた嘘になりそうだ。この二つを肝に銘じ、過去世の悪業の罪障消滅のために、御本尊への勤行唱題に励む決意をした。

大学に入学してすぐに、先輩学生から各クラブ活動のオリエンテーションがあった。私は新入生ではあったが、悪びれることも無く「第三文明研究会」の代表者と名乗って、集まった多くの新入生の前で、クラブの説明と入会を歓迎するスピーチを行った。

その後は、毎週土曜日の午後に、学内の教室を借りて講演会を開いた。開催にあたって

は、一人で、事前にポスターを掲示し、チラシも作って配った。

ところが、四月五月の来場者はゼロだった。そして六月に入ってやっと女子学生が一人、男子学生が一人、合計二名の新来者が入場してきた。二人は、一〇〇席はある傾斜した教室の一番後ろに座った。開会の時間が来たところで、私は来場して戴いたお礼を述べた後、司会兼講師として第三文明とは何かについて講演した。

我々は、既存の唯心思想、唯物思想の両者に偏らず、第三の思想である仏法の生命哲学を基調に、どこまでも人間を大切にした生命を尊重する文明社会の建設を目指す会であることを訴えた。

終わった後に、質疑応答の時間を設けたが、二人は私の所に来て、

「私の親も学会員なので覗いてみました」

とのこと。あまり学会活動はしていないようだったが、出会いを喜び、学会の学生部の一員として、広宣流布の活動に共に頑張ることを誓いあった。

二年目に入ると部員は一〇名ほどに増加した。新来者に対しては、可能な限り我が家に呼んで、友好の絆を深めるために、一緒に御本尊に向かって唱題会を行った。その際、母はいつも学生たちに飲み物は勿論、大半が寮生活で外食が多いことから、おむすびを握

り、手料理をもてなし、皆に喜ばれた。

当時、東北学生部は、四〇名を超える部員数を誇る宮城県仙台市が中心だった。東京の本部では、全国的な組織体制の確立をめざし、地方の中心者を発掘しては、部長人事を行い、部旗を授与して拡大を目指した。

大学二年のとき、私も東北学生部第二部長の任命を受け、英知を表すブルーの部旗を授与された。第一部長は仙台在住で東北大学の桜井良之助氏だった（彼は後に、東京・世田谷区選出の公明党都議会議員になる）。

私の担当範囲は、なぜか、地元の山形県だけではなく、宮城県を除く東北五県プラス新潟県の六県の大学の学生部員を担当することになった。

（これは範囲が広くて大変だな）

と思ったが、第一部長の桜井氏が近く、卒業することを考えての人事だったかもしれないと思われた。

当時、仙台、山形を除く他県の学生部員は一、二名しかいなかった。当に草創期であった。私が大学三年になると、桜井氏は大学を卒業し上京、公明党の機関紙・公明新聞に勤務した。同時に私は、初代の東北学生部書記長の任命を受け、宮城県も担当する立場に就いた。

大学四年になると、池田会長の担当による御義口伝講義の受講生として、卒業までの一年間、毎月上京し薫陶を受けた。

特に真冬の青森発上野行きの夜行列車は、山形駅に到着しても、車内の通路に立つ、スキー客で寿司詰め状態。誰も降りてこない。ドアを押してもびくともせず乗車できない状態だった。

しかし、明日は池田会長の大事な講義がある、

（何が何でも行かねばならぬ！）

とばかり、駅員が目をそらした隙に、見送り人のように見せかけ、列車が滑り出すと手を振りながら走り、ホームが切れる手前で、デッキの鉄棒につかまり飛び乗った。

ほおが凍り付くような寒風にさらされた。山形・福島の県境にある板谷峠に差し掛かると、一九のトンネルを通過する。その後、耿耿たる月明かりに変わるが、眼下は千尋の谷。ドアのガラス越しに見える列車内のスキー客が、心配顔で私を見つめているのが分かった。郡山へ着くまでは、途中駅のホームで準備体操をして再び飛び乗ることを繰り返した。

随分危険で無謀なことをしたものだと、今になってみれば懐かしい思い出である。

東北書記長になってからは、陸奥一人旅をして、東北の中心大学を回り、少数の部員に会って信心の激励を続けた。鈍行列車の長旅の疲れもあって、熟睡することが多かった。それでも、乗客がドヤドヤ乗り込んでくる足音と「〇〇だべ」「んだんだ」の言葉を聞くと、福島駅に着いたことが分かり、乗り過ごすことは無かった。

また、

「ていすすんごうのため（停車信号のため）すばらくおまつをねがいます（しばらくお待ち願います）」

とのアナウンスを聞いたときは、まもなく秋田駅に着くことが分かった。

新潟入りしたときは、たった一人の学生部員と新潟大学の校内を散策しながら仏法談義を交わした。名簿上では他に三人の学生部員が確認できたのだが、全員が未活動とのこと。二人で新潟名物の〝わっぱ汁〟でランチを取りながら、今後の活動について話し合った。

そこで私は思わず
「これでは新潟ではなくガタガタニイだね」とつぶやき帰ってきたが、翌日、昭和三九

（一九六四）年六月一六日、震度七・五の大規模新潟地震が起き、銀色の市営バスが転倒するテレビの映像を見て、命拾いをしたと思った。

弘前大学、岩手大学では、出迎えてくれた学生はたった一名だったので、二人でお城や、先人記念館、宮沢賢治記念館などを見学しながら、人材の育成を図ることを話し合った。

仙台の拠点では、東北大学や宮城学院大学の優秀な活動家が四、五〇人ほどに集まっていた場で、本来の目的だった池田会長の御義口伝講義の内容を伝達した。

一方、私は、東京で開かれる、全国学生部幹部会には、母に交通費をおねだりして、隔月に参加した。幹部会の前に行われる全国部長会では、一人ひとりが、折伏の成果報告をする。東京の部長たちからは、本尊流布五〇、部員増加六〇などと景気の良い報告がなされたが、私は毎回、二の三とか三の五などと少ない成果報告しかできなかった。そもそも、東北は東京と違って、大学の数も学生数も桁違いに少ない。しかし、幹部からは、

「部は部だ！」

と叱責され、毎回悔しい思いをして帰ってきた。

（くそー、今に見ていろ！　池田会長は、広宣流布の最後の仕上げは、粘り強い東北健

児に頼むよ！　と託されたのだ。東京の幹部なんかに負けてたまっか！）と決意を新たにした。

私が大学を卒業する頃には、東北各県に部長が誕生し、全体で一四、五本の学生部旗が翻った。

第四章　獅子は伴侶を求めず

私は、大学四年の頃、山形市在住の服部不二之という初老の彫刻家に出会った。

この方は、高村光太郎の直弟子で、兄は作曲家の服部良一氏である。山形県立南高等学校の校章をデザインしている。

この方が日蓮正宗の信徒と伺って、アトリエを訪問したことがある。二階分の高い天井はガラス屋根で、三〇坪ほどの部屋にはさまざまな作品が展示されていた。

私が東北学生部の最高幹部であることは知っていたらしく、いかほどの人物なのか見極めるように、会うや否や、いきなり質問してきた。

「君、美とは何か答えられるかね」

「彫刻家はたいてい、詩人でもある。それはなぜだと思う」

「彫刻家には、人体解剖の経験者が多い。なぜだと思う」

と、立て続けに質問され、いささか戸惑ってしまった。

「いや、私は彫刻には疎い男です。しかし、今、先生が問われたことは、非常に興味があります。ぜひ教えていただきたい」

とお願いした。

すると、服部先生は気を良くしたようで、その後、さまざまなことを教えてくれた。

「今取り組んでいるこの未完の彫刻は、「青年」と題した、ボクサーの裸像なんだ。その場合、私が最初にやることは、自分が描きたい青年像を詩に書くのです」

「だから彫刻家は皆、詩人なんですね」

「その通り。その後は、青年の身体を中心部で支える鉄製の心棒を作ります。この心棒や枝線は完成時には見えないが、大事なんだ」

「なるほど」

「それから、そこへ粘土をつけていく」

「なるほど、いろいろな下準備があるのですね」

「君、それで終わりじゃないんだよ」

「といいますと？」

「ここまで進んだら、次は、人体の解剖実験の経験が試されるのです」

「どういうことですか？」

「例えば、実物の青年の裸像を見ながら粘土を付けていくのだが、手や足の動きによって、筋肉がどのように変化するのか、見逃したら駄作になる」

「だから彫刻家は、人体解剖の実験まで経験しないと、本物の彫刻家にはなれないということなんですね」

（何と奥深い話なのか）

私は先生の話に魅せられて、世が明けるまで、彫刻の話を伺った。

「最後に一つ、伺いたいことがあります。服部先生はつい最近、創価学会に入会され、日蓮正宗の信徒になられたと聞きましたが、入信の動機は何だったのですか」

以下の意外な回答に、私は驚いた。

先生の目が輝きを増した。

「それはね、学会発行の『聖教グラフ』を見たことがきっかけだった。

その中に、日蓮正宗の日達上人猊下が、初の沖縄指導に行かれるとの写真記事があり、羽田空港で飛行機のタラップを昇りきったところで、見送りに来た人たちに、にこやかな表情で右手を高く上げ、手を振る光景の写真が一枚掲載されていた。

私はそれを見て仏というものが分かったんだよ。猊下は見送りに来た学会員へ、感謝の気持ちを込めて手を振った。そのさり気ない姿が、一分のスキもないことにビックリしたのだよ。この上人猊下は本物だと、瞬時に分かったねェ」

（これこそ、感性の鋭い彫刻家ならではの入信動機ではないか。芸術家は、自己の感性を大切にする、純真で正直な人が多いのかもしれない）

帰りの道すがら、私はふと、心に決めたことがあった。

（将来、結婚するなら芸術家がいいな。できれば東京芸大卒の……）と。

大学を卒業すると私は、小学校教員採用試験のA級合格を果たした。鈴川小学校で教生の経験もし、子どもたちと別れるときは辛かったが、どうしても、池田会長のひざ元で働きたいとの思いが強く、昭和四一（一九六六）年四月、学会本部職員の募集に応募し採用が決まった。た。

当時の学会は、各部署が必要に応じて、個々バラバラに職員を途中採用していたが、その年からは、職員〇（ゼロ）期生と銘打って、広宣流布の総体革命を担う、本格的な人材を各部署に配置するとして、百人ほどの応募者全員が、学会および関連する職場全体の講習を受けたうえで、各部署に配属されることになった。

面接の担当者だった学会本部の飛田経理部長からは、

「君はそろばんが得意なようだから、公明党の経理部へ行ってほしい」

と言われ、あっさり配属が決まった。

当時は政教一致丸出しの時代であったから、党職員も学会の本部職員と見なされ、公明の人事も学会幹部が決めていた。

翌日から、私の新しい生活がはじまった。

日中は党職員としての仕事をして、夜は学会活動に夜遅くまで奔走した。

当時、学生部長だった篠原誠氏の推薦で、私は全国副学生部長の任命を受けた。日ならずして、男子部参謀と、最年少の創価学会理事の任命も受けた。

学会と公明党の関係というのは、学会は本家で、公明党はしょせん、分家のようなもの、との認識が支配的だった。

上京後、党職員でありながら、学会幹部の要職に就いていた私は、党の職場においても、一年単位で部署が変わり、変わるたびに党の中枢に向かって進んでいることを実感した。

はじめは、そろばんが得意との理由で経理部に配属されたが、性格から見て、経理の仕事で収まる人間ではないと判断されたのか、業務部，書記局、政策部など、数々の部署を体験し、落ち着いた先は、月刊誌『現代政治』の編集部だった。

さて、この話は後回しにして、私の結婚の話を先にしておきたい。

「獅子は伴侶を求めず」

という言葉がある。自分が獅子であれば、伴侶は求めずとも、向こうの方から、自分の目の前に姿を現すものである、との意味であろうか。

（自分は今、二五歳、常識的には、妻となる女性は、すでにこの世に生まれているはずだ。慌てることは無い。大事なことは、自分が獅子になることだ！　そうすれば、妻は私の目の前に、いつかきっと現れる……）

そして、ついにそのときがやってきたのだ。

副学生部長の任命を受けたとき、書記局が新設され、第一書記長は人事を担当、第二書記長は全国の大学組織を担当、第三書記長は庶務を担当することが発表された。

その席で私は、第二書記長の大任を拝命した。三局長の上に、書記局長の人事も発表されたが、実質的には三書記長が学生部長に直結し活動を推進した。

私が始めに着手した仕事は、全国の大学に散らばる学生部員の名簿を作り上げることだった。この名簿が出来上がった段階で、「大学別講義」が開始された。

これは、最高幹部を各大学に派遣し、日蓮大聖人の御書講義を行って、大学の中核となる筋金入りの人材を育成することを目的とした施策である。

大学別講義の成果は著しく、各大学の学内責任者の人事が進むと、学内活動が活発化し学生部員数も急速に増加した。

学生部長の指示を受け、私は、次なる目標は、各大学で行われる学園祭に、積極的に打って出て、折伏活動を競い合おうと檄を飛ばした。こうした活動内容を、学生部長が池田会長に報告したところ、学園祭の運営費として百万円の資金提供があった。

私は早速、大学別責任者会の席上、このことを伝え、会長の期待に応え、各大学祭の活動模様を統一した報告書にまとめ、会長先生にお礼として届けることを提案、了承された。

学園祭の終了後、各大学からは、思い思いのスナップ写真や記事、動員数、折伏成果等が届けられた。

（これを、このまま池田先生に届けるわけにはいかない。どうするか……）

考えた末に私は、女子学生部の幹部に連絡し、大学別報告の資料をセンス良くレイアウトできる人を派遣してほしいと頼んだ。

日ならずしてデザインの仕事を依頼されたという女性から電話があった。私はその日、彼女の退社時間に合わせ、午後七時に、お互いの自宅までの中間地点になる山手線五反田駅前の喫茶店で面会した。

依頼したい内容を説明したところ、彼女は快く引き受けてくれた。

大事な用件は三〇分ぐらいで終わり、彼女が注文したミルクティも口付かずの状態だったので、その後、雑談を交わした。

彼女は森永製菓のデザイン室の職員で、過去には朝日広告賞を受賞したことがある。会社では五〇年以上のロングセラーとなる「小枝チョコレート」のデザインを手掛けた。

ちなみに「小枝」の手筆は書道家で母の前田芳子のものとのこと。

「ところで、高校・大学はどちらだったのですか」

「高校は都立日比谷で、同級生の友達は大半が東大に行ったのですが、私は運良く上野の芸大美術学部のデザイン科にストレートで合格できました」

「えっ！　すごいですね。上野の国立東京芸術大学ですか？」

「ええ」

私はビックリした。それというのも、山形に住んでいたときに、一風変わった彫刻家の影響を受けて、

(自分が将来結婚するなら、芸大卒の女性にしたい)

と決めていたからだ。その願いに合致する女性が、

(今、自分の目の前にいる！)

単純な私は、臆することもなく、そうした数年前から決めていたエピソードを、率直に彼女に話した。

彼女は、にこやかな表情で聞いていたようだったが、

「私も、有川さんが次々と幹部の役職に任命され、特に、台東体育館で行われた学生部幹部会などで、声をからしてスピーチしたり、学会歌の指揮を執っていた姿を、頼もしく見ておりました」と言うではないか。すかさず、

「ところで、あなたは、どんな男性が好きですか」と問うと、彼女は即座に、

「大胆にして細心、細心にして大胆な人がいいですね」と言う。

（それは俺だ！）

と確信し、すかさず、

「学生時代から決めていたことなので、ぜひ、私との結婚を考えてみてくださいませんか」と、お願いした。すると彼女は顔を赤らめ驚いた表情で言った。

「まあ大胆ですね。でもそんなに急がないで、少し考えさせてください」

今日会ったばかりの男に突然プロポーズされたのだ。当然の反応だろう。だが、それから私と彼女との交際が始まった。

そして、交際から半年後のある日、彼女から

「今日、福井の高浜に赴任して仕事をしている父が、自宅へ返ってきておりますので、紹介いたしますから、会ってくれますか」

と言うではないか！

一瞬、唐突だったので、面食らってしまったが、この機会を逃すと、彼女の父にお会いする機会が遠退いてしまうと思い、自宅へ伺うことにした。

彼女の家に着くと、両親と弟さんが出迎えてくれた。ちょうど、夕ご飯の時間だったので、すき焼きをごちそうになった。

食事が終わり、お茶の時間になった頃、私は、ご両親に対し、娘さんと結婚したいのでよろしくお願い致します、と申し出た。

東京家政学院大学卒で書道家の母は、

「長女は芸大に、弟の長男は東大に入れたい一心で創価学会に入会し、題目をたくさん唱え、願いを実現しました」

との体験を話してくれた。

京都帝大卒で三菱商事出身の父は、どちらかというと学会嫌いで、その日は黙して語らず、返事は頂けなかった。

（初対面のことであり当然である）

だが、その後、娘の意志を尊重してくれたので、昭和四四（一九六九）年四月、私二五歳、妻二三歳の若いカップルが品川区の日蓮正宗妙光寺で式を挙げ、船出した。

それにしても、自分の強引な進め方には、赤面の至りであった。

結婚して分かったことであるが、彼女の親戚は、母の父である森永製菓副社長・白川順一宅に集まって、毎年、望年会を開いている。

そこへ新婚の私も参加することになったのであるが……。

新顔の私の紹介があった後、参加者全員の自己紹介を聞き驚いた。
東大の法学部長です。
日本で四番目の女性国際弁護士です。
慶応の医学部教授です。
東レの元幹部職員です（東大卒）。
公認会計士です（東大卒）。
外食産業の評論家です（慶大卒）。
一級建築士の会社社長です（東大卒）。
大手都市銀行の支店長です（慶大卒）。
御前演奏したピアニストです（桐朋音大卒）。
大手百貨店の監査役です（上智大卒）
（私がこの席にいるのは場違いでは?!）
と思わざるを得なかった。
酒食が進むと、隣の席の男性から、
「公明党本部職員と聞きましたが、給料はどのくらいなの」

と聞かれ
「大卒で初任給は二万四〇〇〇円でした」

と答えると、

「それじゃ生活できないでしょう」

と憐れむように言われてしまった。

すかさず妻が割って入り、

「私の給料が彼の二倍はありますから、二人で何とか力を合わせて頑張ります」

と説明した。

さらに、

「新婚旅行はどちらへ？」

と聞かれ、

「先輩幹部から、新婚旅行なんて、このご時勢に行けない人もいるのだから、国内で一泊したらすぐ昼までに帰って来いと言われました」

と答えると、二度ビックリした様子で、

「新居は？」

と聞かれ、

「彼女の実家に近い、新築の1DKのアパートです」

と答えると
あきれたような顔をして、

「マーちゃん（妻のこと）も苦労するね」

と言われてしまった。

この席に、一人だけ、醜いアヒルの子がいると思われたようであった。しかし、

（今に見よ！）


（俺の経済的貧困は、過去世の悪業の因によるもの。しかも、この悪業は、同じ貧困で悩み苦しむ人を救うために、あえて犯した罪の結果であり、何ら卑屈になることは無い。願兼於業にギアチェンジした俺だ。必ず貧困の宿命も打開してみせる！）

と、決意を新たにした。

第五章　不動産バブルの波に乗る

二六歳で結婚した私たちの新居は、１ＤＫの狭いアパートではあったが、常にフェイス・ツウ・フェイスで会話ができる、快適な環境だった。

目の前が、千本桜の並木道で、徒歩一分の近場には、新鮮な肉・魚・野菜がそろうスーパーがあり、「我が家の広い冷蔵庫」として利用できた。

そのうえ、二人とも帰りが遅いので、残り少ない食品は、大半が三割から五割引きで買うことができた。

それから五年……

長女が誕生し、手狭になったので、実家にさらに近い、三階角部屋で、２ＤＫの新築マンションを購入した。

価格は一二〇〇〇万円。節約してためた四〇〇〇万円を頭金とし、残り八〇〇〇万円は、二人がそれぞれ四〇〇〇万円ずつ、年金住宅福祉協会のローンを組んで対応した。

玄関のドアを閉めると、室内は静寂さが保たれ、私の朗々たる朝晩の読経・唱題の声も外に漏れる心配は無用だった。

(満々たる生命力を充電するためには、最高の場だ)

さらに。六年がたち、次女が誕生した。

さすがに、家族四人となると、２ＤＫマンションでは窮屈になってきた。

「マンションもいいけど、次は一戸建ての住宅がほしいわね」

と妻が言い出した。

「そりゃ、俺だってそう思うけど、うちの収入じゃ買えないでしょう」

「先日、不動産屋さんに、このマンション、築六年になるけど、幾らぐらいで売れるか聞いてみたのよ」

「いくらと言っていた?」

「それがね、最近、中古マンションの価格が高騰し出したらしく、この辺は、緑も多く、落ち着いた環境なので、新婚さん夫婦からの問い合わせが多いらしい」

「だから、幾らなんだい」

「一七〇〇万円なら、すぐ売れると言うのよ」

「なに！　一七〇〇万円」

「どうします？」

「そりゃ、売りでしょう」

「急がなければ、もっと高値で売れるかもよ」

「そんなに欲をかくもんじゃナイよ。買ったのが一二〇〇万円だったんだから、ざっと五〇〇万円のプラスになるじゃないか。サラリーマンがこれだけ稼ぐのは大変だよ」

（マンションの権利が、共有名義であるから、独断で決めることはできない）

すると妻は
「じゃあ、売りに出しましょう」

と同意し、話はトントンと進んだ。

売りに出してから二、三日すると、すぐに客が付いた。

買い手は、隣の品川区に住む公務員で、子ども一人のひとり親家庭らしい。

うちの物件を見にきた女性は、

「うわー、良い感じですね。三方に窓があるし、シャンデリアもついてですか」

と、すっかり気に入ったようで、即座に手付金を打ったらしい。

「結局、一七五〇万円」という高値で売れた。

引き渡しは一カ月後となった。

ちょうどその頃、大田区久が原の住宅地で、裏側に小学校があり、南側は六メートルの公道に面した二〇坪の敷地に、二階建て車庫付き木造一戸建ての新築住宅が売りに出ていた。

妻の実家からは、やや遠くなるが、マンションの引き渡し時期の約束もあることから、一発回答で買うことにした。

価格は四三〇〇万円と高額だったが、田園調布や山王に続く高級住宅地だったので、観念するしかなかった。

頭金は一〇〇〇万円、残りの三三〇〇万円は、銀行に顔の利く、妻の親戚の事業家の口利きで、ローンを組むことができた。

入居した翌日の朝六時、近くのお寺で鐘を突く「ゴーン」という音が聞こえてきた。

それが、敷地の底から響いてくるように感じられた。

（この家の二〇坪下は、どこまでも、私たちが所有権者となるのか）

と思うと、土地付建物の主となった重みが、ジワリと両肩に感じられた。

この時期、昭和六三（一九八八）年は、日本が不動産バブルに突入した頃であった。

そんなことには、全く無頓着だった私たちに、またしても、思わぬ話が舞い込んできた。

「お宅の家を一億円で買いたいという客がいるのですが、どうでしょうか」

と、見ず知らずの若い不動産屋の営業マンが、飛び込み営業で訪れてきたのである。

話を聞いてみると、その客というのは、大手デパートに勤める新婚のエリート社員で、父の住まいがこの近くにあり、老後の世話をしなければならないので、どうしても、この辺一帯の戸建て住宅を求めたい、とのこと。

「あちこち当たってみたのですが、この辺の方々は古くから住む人たちばかりで、自宅を売却し、この土地を離れる考えの人は見つからず、本当に困っているのです」

と言うのだ。

「では、今夜、妻と相談し、明日返事しますから押さえておいてください」

と言って、帰ってもらった。

早速、この話を妻に伝えた。

すると、彼女は意外なことを言い出した。

「実は、先日来、二度ほど父から電話があって、自分も九〇歳に近づき、今は元気でいるが、明日どうなるかは分からん。お前たちも多額のローンを抱えて、大変だと思うので、この際、一二〇坪あるこの土地を、長男に六〇坪、お前に五〇坪相続させるから、久が原の家をだな、売って、ここに家を建てたらどうか、と言ってくれたのよ」

「それはありがたい話じゃないか」

「でも、ここに引っ越してきて、まだ一年たったばかりなのよ」

「そんなことを言っている場合じゃないと思うよ」

「しかし、この家は買ったばかりなのに、幾らで売れるかも分からないでしょ」

「それが、実は、先ほど、この家を一億円で売ってほしいと言う人がいるとの話しを聞いたんだ」

「えっ！　一億円！」

と妻は驚きの顔を見せた。

私の説明に妻も納得した。

翌日、朝一番で、不動産屋にＯＫの返事をした。

一方、妻の方も父にＯＫの返事をした。

（不思議なことが起こるものだな。こんないい話はめったにないであろう）

これというのも、〔願兼於業〕にギアチェンジし、自らがあえて作った過去の〔罪障消滅〕を必死に願って、〔勤行・唱題・正法の布教活動〕に励んだ、〔大功徳の現証〕以外の何物でもない。

家の売買の手続きはスムーズに進んだ。

買った値段の四三〇〇万円は、家の所有権は共有名義にしていたので、一人三〇〇〇万円までが無税となり、合計一億三〇〇〇万円までが無税となる。すなわち、不動産売却価格一億円に対する不動産取得税はゼロ円となった。

その後、妻の実家は解体され、長男長女の家となる二棟を建築するつち音が、高らかに鳴り響いた。

地価の高騰が続く東京で、狭い住宅に住むことを余儀なくされていた私たちが、不動産バブルの波に乗って、自宅が購入価格の二倍以上で高く売れたことは、奇跡としか言いようがなかった。

その上、妻が親から相続した五〇坪の土地は、関東ローム層の固い敷地で、震度七強の地震が来ても、びくともしない、鉄筋コンクリートRC造の地下車庫二台、テラス庭、屋上付き総二階のマイホームをローン無しで建築できたことは、思いがけない幸運であった。

第六章　月刊『現代政治』編集長

私が党職員となった昭和四一年当時、公明党の本部職員は、二人の突出した実力者に管理されていた。

一人は、党総務局長の長田武士氏。

この人は、公明党の金庫番と言われ、学会では壮年部の幹部も兼任していた。

昭和五一（一九七六）年に旧東京五区（豊島区、練馬区）選出の衆議院議員となり、六期連続当選を果たし、六七歳で死亡した。

もう一人は、党機関紙・公明新聞主幹の市川雄一氏。

市川氏は、日本共産党と憲法三原理をめぐる論争で活躍したことが評価され、池田大作氏の後、空席となっていた学会青年部の参謀室長の要職を務めた人物である。旧神奈川県第二区（川崎市、横須賀市、逗子市、三浦市、葉山町）選出の衆議院議員になったのは、長田氏と同期で、その後、九期連続当選を果たし、その間、党書記長を務め、八二歳で他界した。

総務局には、異質な部署があった。それが月刊誌『現代政治』の編集部である。というのは、長田総務局長の配下の部なのだが、長田氏は一切口出しをせず、ただ、編集部から回ってくる出金伝票に承認の判を押すだけなのである。

それには背景があって、学会と長田氏の間で、合意の上でできた部署だったのである。編集長は、日大理工学部卒の及川順郎という人物で、学会の副男子部長というバリバリの青年部の幹部だった。

及川氏は、聖教新聞記者だったが、一九六四年に公明新聞に移籍し、一九六九年の衆院選に、山梨県全県区から出馬するため、臨時的に『現代政治』編集長というポストを与えてもらったようなのである。

当時の編集部は、及川氏の下には校閲を担当する男性職員が一人いるだけだった。いよいよ衆院選前年となり、及川氏の事前活動が激しくなると、一日でも早く、後任の編集長人事を決めなければならなくなった。そのとき、及川氏から話があって、長田局長の了解のもと、私が編集主任にスカウトされた。

約一年近く、及川氏の元で、編集の仕事の引き継ぎを受けた。校閲の担当職員は、私より先輩だったので、総務局に移動してもらい、代わりに、私が公明新聞の校閲部に就職をあっせんした、山形大学卒の後輩に来てもらうことになった。

衆院選で及川氏は落選した。その結果、地元に張り付いて地道な活動をしなければ勝てないという話になって、党山梨県本部長として甲府市に移住することになった。

以来、私は、実質、『現代政治』の編集長として、全責任を担うことになったのである。

そもそも、『現代政治』発刊の目的は、公明党が優れた政策を立案するために、党外の一流の学者・文化人・評論家等に原稿を依頼し、政策の提言をしてもらうことだった。

そのために必要なことには、例えば、接待費や原稿料には、糸目を付けなくてもよいという〝不文律〟があった。

編集長の仕事は約二年続いた。校閲の作業以外のことは、及川氏同様、私が全て一人でやることになった。

まず、毎号の一四、五本の企画を立てる。

外交、防衛、安全保障、憲法、福祉国家、経済、税制、教育、文化、少子化対策、農林

漁業、環境問題、独占禁止法改正、政局展望など、国政万般にわたる目次を練る。

そのためには、他社の月刊誌や週刊誌などの出版物を、手当たり次第にチェックした。

次に、その原稿を誰に依頼するか。一流と言われる学者を探さねばならない。

そのためには、それらの学者等の著書を読んで、理解したうえで、どの分野を重点的に書いてほしいかを決める。

その後、本人に直接会って、原稿依頼の交渉をしなければならない。住所や電話番号を調べ、居場所を探すのにひと苦労した。会える場所は自宅とは限らない。大学の研究室であったり、会社や事務所であったり、時にはホテルや別荘であったり、とさまざまだ。

なかでも印象に残った方は、一橋大学の未来学者・坂本二郎氏の応接間に案内されたときだった。広いガラス戸棚の中には、専門書がぎっしり配置され、下にはジョニ黒のウイスキーだけが二〇本ほど並んでいた。

（俺の書斎もこんな風にレイアウトしたいなぁ。レミーマルタンのＸＯ、日本酒の十四代、焼酎の森伊蔵、ワインならシャトー・ディケム……）

坂本先生は私に、テーマと四〇〇字詰め原稿用紙何枚かと分量を聞くと、

「わかりました」

といって、私が持参したテープに、口頭でしゃべり、吹き込んでくれた。

驚いたことに、テープを再生し、原稿用紙に書き終えると、ピタリ、依頼した枚数と一致したのである。

テープの再生と言えば、四人の専門家に、銀座の三笠会館に集っていただき、「日米安保と日本の外交」をテーマに座談会を開いたことがある。

メンバーは、東京大学の関寛治教授、慶應義塾大学の石川忠雄学長、軍事アナリストの桃井真氏、朝日新聞論説委員長の岸田純之助氏の四人。

お互いに相手の考えはよく熟知している節が感じられ、丁丁発止の議論は白熱化した。それでも、武器の話になると、皆、桃井氏の話にくぎ付けになった。

また、議論が枝分かれすると、岸田氏が本題に戻して、うまくリードしてくれたので大助かりだった。

いずれにせよ、一人で司会とテープ操作の二役を担当したのは私であり、よくもまあ、これほどの識者が集まってくれた場を、取り仕切ったものだと、今にして思えば、感無量である。

座談会が終了した後、先生方には、おいしい料理とお酒で歓談していただいた。リラックスしたせいか、思わぬ情報が飛び出すこともあった。

（よし！　これを次号のプランにしよう！）

こんなことがよくあった。

原稿ならまだしも、座談会のテープの再生にはひと苦労した。専門用語や横文字が多いので、活字にするのに時間がかかった。さらに、原稿に中見出しを付けるのが私の仕事になる。

（編集長としての能力を見透かされるわけにはいかない）

そのためには、何度も何度も読んで、理解をしたうえで、

（これしかない！）

という会心の見出しを付けた。

そんな中、一度だけ、とんでもない失敗をしたことがあった。

よほど疲れていたのか、初校のゲラを入れた封筒を、電車の網棚に置き忘れたまま、渋谷駅を出て、五分ほどたって気が付いたことがある。が、時すでに遅し。終電前に、駅の落とし物の集配所に行って問い合わせたが、届いていなかった。

ライターに直しの赤字を入れてもらう前のゲラだったので、急いで刷り直し、事なきを

得た。

新しい雑誌の完成品が届くと、私はページをめくって、インクの匂いを嗅いだ。喜びがこみ上げてくる瞬間だった。

（しかし、これで終わりではない）

ライターへの原稿料の支払いと、新刊本の郵送の手配までして、完了となる。

ある時、自宅の屋上で、ビールを飲みながら、満月を見ているときに、ふと気づいたことがあった。

（明日は名評論家・草柳大蔵さんと文筆家・扇谷正造さんに会うことになっている。よくよく考えてみれば、俺は、二〇代の若さで、とんでもない大きな仕事をしてはいまいか）

大学受験の頃は、父の病気の世話と、貧困家庭の事情から、仙台や東京の有力大学への進学を断念せざるを得ず、ずーとインフェリオリティー・コンプレックス（劣等感）を抱いてきた。

しかし、今、私がやっている仕事の内容は、例えば、東大や慶大などで教鞭をとっている一流の先生方から、貴重な価値ある最新の知的情報をふんだんにもらうことができている。

（現役学生以上の恩恵を受けていることになりはしまいか）

しかも、原稿料は党本部持ちなので、私の〝授業料〟はゼロで済む。

それだけではない。当代の一流の学者・文化人に直接会って会話を交わせることは、誰にでもできることではなく、さまざまな学びがあって、貴重な個人的人脈の拡大につながる。

月刊『現代政治』の編集長の経験は、その後のわが人生に大きな影響をもたらした。

願兼於業にギアチェンジし、自らがあえて犯した過去の悪業による負の境界を、大きく転換したことを強く確信できたのである。

第七章　『公明新聞』社会部記者

もともと、月刊誌『現代政治』の出版事業は、及川氏が国会議員になるまでの、繋ぎの仕事として設けられた部署であり、同氏が甲府に移住してからは、多額の予算をつぎ込んでまで、存続させる必要性があるのか、長田局長と学会の北条浩副理事長との間で、懸案事項となっていたようである。

その結果、『現代政治』は、私が担当してから二年後に廃刊となり、私は『公明新聞』へ移動、市川雄一機関紙局長の指揮下に入り、社会部の記者として鍛えられることになった。

編集業は、他人が書いた原稿を、ある方針・目的のもとに集め、サブタイトルを考えたり、中見出しを付けたりして、雑誌の形に整える仕事である。

それが一転して、自分自身が政治・経済・事件などを取材して記事を作り、多くの購読者に伝える仕事に代わったわけである。

（果たして、この仕事は自分に向いているのだろうか）

と戸惑いを感じた。

（しかし、やるしかない）

と腹を決めた。

新聞記者に求められる主な五項目は、

① 国内外の政治、経済、事件などへの好奇心と知識欲が旺盛であること。

② ネタ提供者とのコミュニケーションがとれ、情報の収集能力が高いこと。

③ 記事を書く能力があること。

④ 事実を確認し、複雑な問題を深く理解し、客観的に分析できるかどうか。

⑤ 締め切りに追われることや、予測不可能な状況に適応できるかどうか。

この中で、私の喫緊の課題は、③の記事を書く能力をつけることだった。

当時、記事の書き方を教えてくれる先輩は一人もいなかった。社会部には一二名ほどの記者がいたが、皆、一匹狼で個性が強く、新人の私に、かまっている余裕など全くないという態度であった。

自分で文章の研究をするしかなかった。

『現代政治』の編集時代は、著名な学者・文化人の原稿を熟読し、高度な知識を身につけてきたとは思うが、彼らの文章と新聞記事とは、似ても似つかぬ違いがある。

新聞記事は的確かつ簡潔な文体が要求され、徹底した5W1Hが基本になる。

すなわち、

When（いつ）Where（どこで）Who（だれが）

What（なにを）Why（なぜ）How（どのように）

これを記事の骨格に据えるのが鉄則である。

したがって、私は、日常、旅先でも、一般紙の朝夕刊や週刊誌などは必ず目を通すようにした。

不思議なことに、記者になるまでは、ニュース記事として、知識を得るために読んでいたが、自分が記者となって書く身になってからは、新聞の読み方が大きく変わったことに気づいた。

例えば、新聞記事の、無駄のない書き方を身につけることはもちろん、週刊誌の記事については、タイトルだけを読んで伏せ、自分だったらどことどこを取材して、組み立てをどうするかを考えた後に本文を読むように心がけた。それによって、筆者と自分の違いがわかる。そうした訓練で、記者としての質的能力を高める努力を惜しまず重ねた。

私が担当する取材範囲は、東京の渋谷、中野、杉並、江東の四区と山梨県だった。社会部記者であれば、事件ものを取材して記事を書くことが主かと思っていたが、政党の機関紙であることから、それぞれの地域に張り付く公明党の地方議員の活躍を記事にして、議員と党を宣伝することが主たる任務であった。

中でも思い出深かった事件は、二つあった。一つは、美濃部亮吉都知事が宣言した「東京ごみ戦争」の問題を、追いかけ取材したときのこと。

これは、一九五〇年代半ばから、日本は高度経済成長期を迎え、国民の生活様式は大量生産、大量消費、大量廃棄へと変化した。

その結果、清掃工場の中間処理能力が追いつかず、都内の七割のごみが未処理のまま、毎日五〇〇〇台以上の収集車やダンプカーが、江東区内を通過し、地先の夢の島（一四号埋立地）へ向かい、江東区民は悪臭・ごみ火災・ハエの大量発生に悩まされていた。

その解決のため東京都は、自区内処理の方針を打ち出し、清掃工場を持たない杉並区の高井戸地区に建設を計画したところ、周辺住民は猛反対。それに対し、江東区の小松崎区長は、杉並区のごみ搬入を阻止することで対抗したのである。

両区を担当する私は、どちらか一方に味方する記事を書くことは難しく、数カ月に渡って、都と両区の動きだけを、細大漏らさず報道することに徹するしかなかった。

このときほど、対立する住民運動の記事を書くことの難しさを痛感したことは無かった。

もう一つは山梨県の「忍草《しぼくさ》母の会」（昔は渋草と表現したそうだ）を取材したときのこと。

舞台は、富士山と湖の絶景で、日本一と言われた国立公園の真ん中にある北富士演習場。

ここは昔、民法で保障された、地元農民たちが、入会権（薪炭材、建築材等を採取して収益を上げる権利）を有する土地だった。

それが敗戦後は、米軍に接収され、日米合同の実弾演習地として利用されてきた。

入会地の収益権を侵害されたとして、住民たちは共同体を作り、国を相手に妨害排除請求の訴えを起こしたが、入会権は登記できなかった。

やむなく男たちは出稼ぎに行かざるを得なくなったので、昭和三五（一九六〇）年六月に、女性だけで結成したのが、「忍草母の会」であった。

山梨県担当の私は、この問題は避けて通れないと思い、思い切って部長に取材許可を申し出た。すると部長からは、

「三面の全部を空けておくからやってみろ。締め切りは二日後の午後五時！」

と言われ、いささか面食らった。

（社会部に異動して日も浅いのに、いきなり三面の全部を空けておく?!　これは大変なことになった）

と、一瞬、気後れしそうになった。

（しかし、ここは、やるしかない！）

と、富士吉田市議の案内を得て現地入りした。

「土は万年、金はいっとき」を合言葉に、米軍の実弾射撃が行われる演習場の近くに、小屋を建て、地面に穴を掘って立て籠もって闘争する母たちの姿を、地元紙も報道してい

た。

（公共の名のもとに、私権を踏みにじってよいものか！）

と、私は憤りを感じながらペンを振るった。

記事は辛うじて締め切りに間に合い、部長からオーケーをもらうことができたときは、思わずガッツポーズをした。刷り出しを手にした先輩たちからも高評価を得、これをきっかけにして、社会部記者としての自信をもつことができた。

さらに……この記者時代に私は、公明議員たちの、甘く迫力のない本会議質問を取材するたびに、

（こんなことをやっているようではダメだ！）

とばかり、「政治を変える質問の要諦」を発見した。

それは、行政の最高権力者（首長）の考えを変えるコツ（勘所）のことである。

その一

首長自身が前に述べたことと、後で述べたこととの違いを指摘すること（自語相違）。

その二
首長が言っていることと、首長を支える立場の執行部が首長と違う発言をしていることを指摘すること（閣内不統一）。
その三
首長が言っていることと、現場の実態の違いを具体的に告発すること（現場第一主義）。

これらを指摘できない議員の発言では、政治を変えることはできない。このことを体得できたことは社会部記者時代の大きな成果であった。

記者時代に健筆を振るった経験はその後、「ペンは剣よりも強し」とばかりに、世界平和を目指す出版活動の人生へと発展していった。

第八章　市川雄一代議士の初代公設第一秘書

「主幹（市川雄一機関紙局長）は、局内の誰を自分の第一秘書にするつもりなのかね」

「第二秘書は、文化部のHで決まったようだ。彼は主幹と同じ選挙区内に住んでいるし、車の運転もうまいから適任だ」

「衆院選は三カ月後に迫っているが、当選は間違いないだろう。第一秘書を早く決めたいところだろうが、難航しているようだ」

「打診された職員を二、三人知っているが、皆、体よく断ったそうだ」

「当然だろうね。ナンバー2の総局長が、朝の朝礼で、みんなの居る前で、毎日、ねちねち怒られている光景を見ているのだから、あれじゃあ、引き受ける職員はいないと思うよ」

主幹の留守中に、職員の溜まり場の厨房では、いつもこんな会話でもちきりだった。

と、ある時、私は、社会部長の寺島氏から、ランチに誘われた。

（こんなことは初めてだ。しかし、何の話か、予想はついている）

信濃町駅近くのレストランに案内された。窓際の席には「予約」の札が置いてある。

「有川君、実は、親分から、選挙で当選したら、君に『公設第一秘書』を頼みたいが、本人の意向を聞いてほしい、と頼まれた。君の考えはどうかね」

と、ズバリ核心をついてきた。

しかし私は、間髪を入れず
「部長、了解いたしました。私が主幹の秘書に向いているかどうかは分かりませんが、主幹も一からの新しい議員活動になるわけですから、初代の第一秘書はやりがいがあります」

と即答した。

それから数日たつと、私に対する同僚の態度が、妙によそよそしく変わったことに気づいた。どうやら、

「有川は、秘書として主幹の側に立つことに決まった。どんな告げ口をされるか分から

ないから、お互いに気を付けようぜ」

ということらしい。

それほど主幹は、全職員に恐れられていた〝独裁的権力者〟だったのである。

昭和五一（一九七六）年一二月五日投開票の衆院選で、市川雄一氏（当時五一歳）は見事、神奈川第二区から初当選を果たし代議士となった。

同時に私も、衆議院庶務課で市川代議士秘書の登録を済ませ、秘書バッジを胸に付け、永田町を舞台に、新たな戦いの火ぶたを切った。三三歳の時あった。

衆議院における市川代議士の所属委員会は、内閣常任委員会だった。

この委員会の所管事項は、内閣、防衛庁、防衛施設庁、人事院、宮内庁、北海道開発庁及び他の常任委員会に属さない総理府の所管事項、と定められている。

ということは、各省庁の設置法、並びに設置法の一部改正の法案は、この内閣委員会に付託されるので、全ての省庁の幹部に対し、関連質問ができるという利点がある。

そこで私は早速、市川代議士の地元選挙区内の県・市・町議会の公明党議員の連絡協議会を立ち上げ、国への要望事項を取りまとめた。それを市川代議士は、機会あるごとに委員会で取り上げ、多くの成果を上げた。

市川代議士の質問を期待して取材に来た記者たちからは、

「まるで地方議員みたいじゃないか」

と、冷ややかな目で見られたが、本人は一向に気にせず、

「一年生議員なのだから、背伸びする必要はない」

と、この姿勢を貫いた。

議員会館の市川事務所には、毎日のように陳情客が押し寄せてくる。その都度私は、代議士に代わって応対し、訪問者の要望を聞き取り、それを分かりやすくまとめ、文書にして市川代議士に報告した。

ところが、代議士からは、

「これじゃダメだ。俺はどうすればいいのか」

と詰問され、陳情をそのまま伝えるだけのメッセンジャー的秘書であることは許されなかった。

一年ほどたつと、いよいよ、委員会のメインテーマである安保・防衛問題に関する質問の機会が増えてきた。その際にも、陳情処理と同じように、

「俺はどんな質問をすればいいのか」

と、質問原稿の提出を求めてきたのである。

官僚は、大臣の答弁書を作るのに深夜までの作業を余儀なくされることが多いが、私は代議士の質問書を作るために徹夜することが多くなった。

（こうなったら、自分が代議士になったつもりで対応するしかない）

と腹を決めた。

国会議員には、憲法六二条で
「国政に関する調査を行い、これに関して証人の出頭並びに記録の提出を要求することができる」

とあるように、〔国政調査権〕が認められている。

私は、代議士に代わって、この権利を縦横無尽にフル活用し、代議士の質問書作りに専念した。

国立国会図書館の立法調査室、政府委員室、内閣法制局、省庁別の委員会調査室、各省庁の審議官・局長・部長・課長・課長補佐・係長・特殊法人の幹部など、これらの部局は、私が市川代議士の秘書として、電話一本で調査事項の依頼をすれば、時を置かずに、責任ある解答を文書にして届けてくれるのだ。

これだけある質問作りに必要な情報源は、民間の学者・文化人・評論家に、

「よだれが出るほどうらやましい」

と言わしめている。

市川代議士が知らない情報をふんだんに駆使して質問書を作っているから、大半は一回でパスすることが多かったが、たまに、不備な点があると容赦なく追及され、その都度、

「バカだな」

と言われ、額にゲンコツを食らった。このようなことは、何度も続いた。

ある時、業を煮やした私は、

「先生、ゲンコツは止めてください！」

と申し出たところ、それ以降は、空手チョップのように手のひらを水平にして、額を打ってきた。これだと、ゲンコツよりは痛くはなかったが、逆に首に振動を与え、むち打ち症になる危険を感じたものである。

市川代議士はある時、朝日新聞の天声人語の記事を持ってきて、

「有川、これを読んでみろ」

と言う。そこには、著名な歌舞伎役者が、若い頃、師匠に竹箒で体をたたかれながら修

行したことが書いてあった。

代議士曰く、

「俺のやっていることは間違っていない。人間は恐怖に駆られないと変われないのだ」

と言うではないか。

私は、心臓の鼓動が異常に高まり、狭心症を起こす危険を感じたので、トイレに行くと言って事務所を出て、議員会館の周りを歩き、気持ちを静めた。

そのとき、私は思った。

（ここには、長く居られないかもしれない）

と。代議士と私の間には、微妙な隙間風が吹いてきた瞬間だった。

それが表面化するまでには、およそ三年近くかかったが、その間、市川代議士と私は、狭い事務所の中で、国会質問があるたびに、長時間顔を突き合わせ、息詰まるような議論を交わしてきた。

（他の議員の部屋も、このようにピリピリしているのだろうか）

と思って、逃げ出したいときもあったが、国会質問が終わると、赤坂周辺の料理店で食事のごちそうになると、気を取り直して仕事に励んだ。

私の政策秘書としての主な活動成果を示してみたい。

＊防衛庁（今、防衛省）関係

市川代議士の地元・横須賀港のドックでは、毎年一回、海上自衛隊が所有する護衛艦の塗装修理工事が行われている。

私はその現場を視察したことがある。

その理由は、素人考えではあったが、予算書を見て、あまりにも高額であることに驚いたからである。なんと、一隻に付き、わずか数十カ所の塗装修理費が、六〇〇〇万円を超えるものがあったのだ。

予算書にある仕様書では、高い地点の塗装修理は、足場を組んで、はけ塗りすることを指示している。しかも、足場は、修理カ所が変わるたびに、解体と組み立てを繰り返しいることが見て取れる。

したがって、積算の根拠としては、足場を組み立てる費用と、解体する費用を基準単価とし、それを何回行ったかを乗じて計算しており、書類上の計算は完璧なものになっていた。

ところが、作業現場を見て驚いた。

足場に相当するものは、上下の高さ調節が自由自在にでき、車輪もついているので移動もできる立派なものが稼動していたのである。ということは、足場の組み立てと解体の必要性は無いわけで、架空請求していることになる。

また、はけ塗りで修理しているとあるが、現場ではスプレーを使用して修復しているので、これまた作業時間を偽って請求していることが分かったのである。

私はこれを代議士に報告したところ、了解を得られたので、内閣委員会が開かれる前日の午前中に質問通告をした。

すると、防衛庁の官房長が飛んできて、代議士に質問を取り下げてもらえないかと、謝罪してきた。その後の対応は聞いていない。

他にも、次のような不正を見つけただしてきた。

＊法務省の関係

民間人が不動産の売買を行った場合、売買価格に応じた収入印紙を最寄りの法務局で買って、契約書に添付して提出しなければならない。受理した責任者は割り印を押すことになっているのだが、それをせず、時効後に剥がして現金化し、二〇〇〇万円ほど、隠匿した事件があった。

＊大蔵省の関係（今、財務省）

造幣局の役人が、耐用年数が過ぎた五〇〇円玉や一〇〇円玉のコインを、溶かして新たに造ることになっているのだが、それをやらずに、一部を隠匿していた。

＊文部省（いま、文部科学省）の関係

耐用年数の過ぎた学校等のピアノを、処分せずに民間業者に横流しして、役人の飲食費に充てていた。

＊農林省（今、農林水産省）の関係

建ててもいない養鶏場を建てたことにして、予算を受け取り、使っていた。

昭和五三（一九七八）年一〇月……ついに、前述した市川代議士と私との間の隙間風が表沙汰になって、決裂にまで発展する大事件が起こった。

ことの発端は、議員会館に詰めていた私宛てに、市川代議士の地元の有力な支持者から、重大な密告電話が入ったことが始まりだった。

その内容は、外国産小豆の輸入権を持つ四二社の独占商社が、暴利をむさぼっているので、追及してほしいと言う要望であった。

すかさず私は、暴利を得ている商社名と、その内容などを聞いたのだが、先方は、「詳しいことは情報をくれた友人を紹介するので、その人に直接聞いてほしい」とのことだった。

それから私の本格的な取材が始まった。情報元のSさんの会社は、千駄ヶ谷の駅から、歩いて五分くらいのところにあった。八階建てで、一時はやった壁面にガラスを多用するスタイルの、ごく普通のオフィス・ビルの四階のフロアで、輸入商社を経営する会社社長さんだった。

ぎょろりと輝く鋭い目つきからは、早稲田大学出身の反骨精神がにじみ出ている。知人の製餡業者の勧めで、外国産の小豆を輸入し、国内の実需者に安く販売しようとトライした。

ところが、行政の壁が厚く暗礁に乗り上げてしまったという。その理由とは……。中国、台湾などから輸入する全ての外国産小豆は、昭和三二（一九五七）年から今日に至るも、自由化が禁止されている。それは、北海道産などの国内産小豆の生産者を守るためだ。そもそも、外国産小豆は安く、国内に入ると三倍近くに跳ね上がる。そこで通産省は暴利をむさぼる輸入商社四二社だけに小豆の輸入を認め、財団法人「雑豆輸入基金協会」という役人の天下り法人を作り、輸入商社から暴利の二〇％の調整金（課徴金）をピンハネしているというのだ。その額たるや年間約一〇〇億円というから驚きだ。

この金は特殊法人・ジェトロに三分の一が流れているので、輸入商社の口封じのため、適当な理由を付けて、官民一体で毎年、大名旅行をしていることも分かった。

小豆輸入商社を永年固定化してきたことは、独占禁止法違反の疑いがあるし、国の財団法人が輸入商社から調整金を取ることは、関税の二重取りと批判されても仕方なかろう。

取材を重ねて一カ月後、練りに練った報告書を代議士に提出したところ、大変満足してくれた。そして、市川代議士は、昭和五四年二月二一日、衆議院の予算委員会の晴れ舞台で政府を追及した。

その二日前に私は、いつものように政府委員室を通して質問通告をした。すると、各省庁の担当課長クラスの役人が二〇名ほど、質問取りにやってきた。

こうした官僚たちとの事前のやり取りは、質問通告のたびに行われた。通常は、質問の内容を説明すれば短時間で終わるのであるが、この日に限っては、激しいやり取りが行われ長引いた。例えば、「その質問は取り下げてもらえないか」「こんな答弁しかできないがよろしいか」「それは申し訳ないが答えられません」など、いろいろ否定的な注文を付けてきた。

それに対し私は、

「こういう答弁なら答えられるでしょう」

と大臣の答弁内容まで提案し説得した。

（これで明日の予算委員会は、終わったようなものだな）

とネクタイを緩めた。

代議士が質問する当日、私はいつも、予算委員会室二階の傍聴席で、代議士の質問が筋書き通りに事が進んだかどうかを、祈るような気持ちで見守った。

――菊作り　菊見るときは、陰の人

市川代議士の質問が終わると、答弁席にいた、渡辺美智雄農林大臣（当時）が市川代議士のところにやって来て、「今日の質問は大変良かった」と言って握手を求めてきた。

その後、私は、今回の質疑内容は、国会の中だけのやり取りで終わらせたのではもったいない、広く国民全体に、市川質問の優れた内容を知らせるべきだと思い、二年ほどかけて出版原稿を書きあげた。

（三〇〇ページにもなる手書きの原稿を、このまま代議士に提出し、出版の決裁を受けるわけにはいかないなぁ。また、手直しが必要な箇所もたくさんあるので、その作業が終わった段階で報告することにしよう）

と半年ほどストップしておいた。

（待てよ。それよりなにより、出版社が扱ってくれなければ話にならない）

と思った私は、実業之日本社と学陽書房の二社にコピーした原稿を送り、出版してもらえるか打診してみた。

その結果、なんと、一週間後に両社から
「ぜひ、当社で出版させてほしい！」

との返事が返ってきたのである。そこで私は、返事が一日早かった学陽書房に出版を依頼することにした。

　原稿は、同社の編集担当の江波戸哲夫氏の多大な協力を得て、校了のゲラをいただくところまで進んだ。

（これなら代議士も読みやすいし、決裁を受けられるだろう。万年筆書きの汚い原稿ではないし、納得いくまで推敲した文章だし、しかも、本の内容は、代議士の活躍を宣揚したものだから、きっと喜んでもらえるはずだ）

と確信し、報告書をそえて、ゲラを代議士の机の上に置き、決裁が下りるのを待った。

　報告書には、出版社の意向として、一〇日間は待ちますが、それまでに返事がなければ、輪転機は回ります、と言っていることも書き添え、出版中止の決裁であれば、刷版の費用は私が支払い中止いたします、ということも書いて報告した。

　しかし、一週間たっても代議士からの決裁はおりず、ゲラは机の上に置かれたままになっていた。

（何度も事務所を出入りしているし、ゲラや報告書を見ていないはずはない）

　そして、二週間ほど過ぎたとき、突如、私のところに来て、

「お前とは二一世紀が来るまでに決着をつけるからな！」

と、すごい形相をし、握り拳を震わせながら言い放ってきたのである。

私には、代議士が言ってきた真意が全く分からなかった。

（出版は止めろと言われれば、止める気持ちでいたし、了解とも止めろとも言わず、決済を求めたのに決済をしないのはなぜなのか）

ただ、あの興奮した態度と言い草から言えることは、私の出版報告は、よほど癪に障ったことには相違ない、と思った。

もしも、報告にあたって、

（先生の名前で出版してはどうでしょう）

とでも言っていたらどうなっていたのか。

（秘書のお前の名前で出版するとは何事だ！　出過ぎだぞ！）

ということなら、

（そうしたのになあ）

と、いろいろ考えたが分からなかった。

しかし、非情にも輪転機は回ってしまった。

昭和五七（一九八二）年五月二五日、拙著『官僚たちの聖域』は発売され、主として官庁街の書店を中心にベストセラーとなり四万部ほど売れた。

同時期に、丸五年間務めた市川代議士の公設第一秘書はお役御免となり、一年後に行われる東京都大田区議会議員選挙に出馬することになったのである。

以後、午前中は党本部業務部の仕事を手伝い、午後からは地元選挙区の大田区に入って、選挙の事前活動を行った。

大田区議出馬の背景は、地元大田区の学会の本部長から要請されたのであるが、市川代議士の意向によるものであることは見て取れた。

秘書退任の手続きのため、衆議院の庶務課に行ったとき、担当職員から

「あんた、先生にお願いして、離職日をあと一日延ばしてもらいなさいよ。そうすれば一カ月分の歳費も期末手当ももらえるし、退職金や年金にも影響するのだから」

と親切に言葉を掛けてくれた。

すると、後ろのデスクに座っていた課長が飛んできて、

「余計な事を言うな。先生に言われているのだから」

と、解雇日は市川代議士が指示していたことが分かった。それでも私は、印税の半分を

「御礼」として謹呈した。

市川代議士の秘書時代の丸五年間は、パワハラを感じながら過ごした、緊張感あふれる日々であった。しかし、見方を変えれば、私を自分以上の人材に育てようとの親心があった人だったのかもしれない。事実、お陰様で私は、厳しく薫陶を受けたので、別人のように強い人間に変身したように思う。

市川代議士の指導で一番印象に残っていることは、どんな困難な問題に遭遇しても、まず、自分が「最終決裁者」と自覚し、胃が痛むほど考えて、納得のいく結論を出してみること。それをやらずに、すぐ誰かに相談する人間は、死人と同じ、いつまでたっても成長できない。その上で誰かに相談することは良い。そこで自分が出した結論との違いが分かり、そのとき、自己の質的成長があるのだ、と。

また、目標達成のためには、まず、絶対に動かすことのできない現実から出発すること。そこから目標まで、鉄板をはめ込むように、少しの隙間も作らず、絶対に崩れない理論を構築し、現実と目標をつなげば良い、など。

いずれにせよ、国会における市川質問の全てに関わる中で、普段なかなか会えない日本の官僚たちと、相対峙して、代議士なみに激しい議論ができたことは、計り知れない収穫であった。

彼らは、自らの職務のよりどころとなる憲法と法律と省令を所持し、それに忠実に生きている。したがって、その法令を解釈するエキスパートであるということが本質とみた。

一方で、日本の官僚たちは、優秀な頭脳を、巧妙な理由を付けて、自分たちの退職後の天下り先を作り、日本を国民不在の役人天国の〝社会主義国家〟にしてしまったことも事実だ。その数は、国土交通省だけでも、二四の特殊法人と、一一〇二の公益法人を所管している。私はそれを『腐敗公社』（二〇〇一年、早稲田出版）で公表して反響を呼んだ。

第九章　野に放たれた〝蒼き狼〟

市川の元を、有川が去った。

この情報は、私を知る学会・公明の職員たちに、ひたひたと伝わっていった。

市川代議士自身も、主な党幹部や職員には、自己防衛のために、私を解任した理由を説明したようだが、その内容について聞いたことはない。

しかし、数日後、幾つかのリアクションがあったので、ある程度の想像はついた。

まず、総務局長の長田氏からは、「お前、市川さんと喧嘩したって勝てないぞ」と言われた。

（この人は何たることを言うのか）

私は、市川代議士と喧嘩することなど、一度も考えたことは無いのだ。

また、二つ年下の機関紙局のA氏から電話があり、

「代議士の許可なしに出版するのはまずいのではないでしょうか」

と、抗議してきた。

これに対し私は、

「代議士には事前にキチンと報告し、決裁を求めて進めてきており、勝手に出版したのではない」

と突っぱねた。明らかに、市川代議士の指示で電話してきたと直感した。彼はそれから数年たって、市川代議士の秘書となり、衆院議員になった男である。

さらに、機関紙局のH総局長からも電話があり、出版のことで、いろいろ聞きたいことがあるので、党本部に来てほしい、とのこと。

翌日、指定された時刻に、党本部一階の応接室に入ると、機関紙局の全部長が集まっていた。

H総局長は開口一番、

「あんたの出版のおかげで、我々の官庁関係の取材がやりにくくなった」

と眉をひそめて言い出した。

すかさず私は、用意してきた小型のテープレコーダーにスイッチを入れ、テーブルの上に置いた。するとHは慌てた顔をして、

「な、なにをするんだ！　テープに録音するならこの会合は終わりだ！」

と言って、全員が退散してしまったのである（この査問会議も、市川代議士に指示されたのに間違いなかろう）。

その日の夜中にも、名前を名乗らぬ男から電話がかかってきて、

「月夜の晩ばかりとは思うなよ」

と脅された。

理由はともあれ、私の出版にブチ切れした市川代議士の裏工作によって、後輩の秘書や職員が国会議員や都議会議員に巣立っていく中、二度と党中央には姿を見せるな！　と言わんばかりに、大田区の地方議員に留め置かれた。

昭和五八（一九八三）年（三九歳）の四月、私は東京・大田区議選で四一一一票を得て、上位初当選を果たした。

区議選に出馬する前に、池田大作会長から、二つの檄文を頂いた。

一つは、原稿用紙に万年筆書きで

〈君もまた　わが本陣の将なれば　嵐の中を　断固勝ち行け〉

とあった。

しかし、この内容は不可解だった。私を学会の本陣の将、と評価していただいたことはありがたいが、学会と公明党の政教一致問題が、マスコミに批判されているときに、いまさら、学会の本陣の将になることなど、あり得ないからだ。これは、私を学会・公明党批判者にさせないための、池田会長特有の手懐け策だとみた。

もう一つは、井上靖の文庫本『蒼き狼』の余白に、

〈獅子も奮い起つ　蒼き狼も　敢然と立て〉

と書いてあった。

この本は、全蒙古を統一し、ヨーロッパにまで遠征を企てたジンギスカンの物語である。

彼は一部族の首長の子として生まれたのに、六五歳で死ぬまで、常に中央から遠く離れた厳しい辺境の戦地に立たされた。

（これからの俺の人生は「蒼き狼」の境遇に酷似している！）

私は、この檄文を頂き心底嬉しかった。

〔会長は俺を「蒼き狼」と言ってくれた〕

――士は己を知る者のために死す。

――人生意気に感じては何をか惜しまんわが命。

ならば、私は、〔願兼於業の蒼き狼〕となって、悩み苦しむ庶民のまっただ中で、思う存分戦って一生を終えようじゃないか、と決意した。

ついに、蒼き狼は野に放たれた！　一体、どんな活躍をするのであろうか。

さて、尊敬する作家の堀田善衞氏は、地方議員を勇気づける大事なことを話している。

その内容は――

大方の日本人は、政治家といえば、国会議員が一番上で、次は都道府県会議員（以下、都議会議員と表現）。そして一番下が市区町村議員（以下、区議会議員と表現）だと思っている。

しかし、仕事の内容から見れば、国会議員は地方行政のための法律を作り、都議会議員は、区政の、補完行政を行っているに過ぎない。

したがって、一番大事な部署は、住民直結の基礎行政を監視する区議会議員であるというのだ。ゆえに、ここにこそ、最も力ある優秀な政治家を配置すべきであり、そうすれば、日本はもっと良くなる、と言うのである。

このことは、実際に区議会議員になって初めて理解できた。例えば、都議会議員の所管事務は、警察・消防・都立高校などが中心で、それ以外のこまごまとした福祉行政などの問題は、全て区議会議員の仕事なのだ。

特に住民は、国や都の議員の主たる任務を理解しているわけではないので、困ったことがあればどんなことでも、気軽に相談する相手は区議会議員なのだ。

議会の運営は、国政も都政も区政も同じパターンで、全く変わらない。年数回開かれる定例本会議では、首長の施政方針演説があり、それに対する各会派の代表質問、一般質問が行われる。予算書・決算書の審査は特別委員会で審議され、個々の議案については、常設の常任委員会と特別委員会に付託され、審議・採決され、行政執行されていく。

特に区政においては、定例会ごとに、住民から提出された各種の請願・陳情書の全てを、審査することから、地方議会は「民主主義の学校」と言われている。

このような地方議員の経験のないものが、いきなり国会議員になると、しばしば議会のルール違反を犯し、問題を起こすことがある。

また、近年の傾向として、弁護士の資格を持つ国会議員が増えている。その理由の一つには、法律に詳しければ、刑務所の塀の内側に落ちるような、悪いことはしないだろう、との評価があるようだ。

しかし、政治家には、国民に夢を語って実現する力が期待されるので、現行法を守ることだけでは済まないことを自覚してほしいものである。

私は、代議士秘書として国政を体験し、都・区政は記者として見てきたため、住民の悩み事を解決するためには、国・都の議員をどう動かせばよいのかが分かるので、他の議員では永年解決できなかった難題に数多くの成果を上げることができた。

その一つ。

私の住んでいる馬込・山王地区には、昔から九九の谷があると言われ、毎年、集中豪雨があるたびに、低地に住む住民は、家屋への床下、床上浸水に悩まされてきた。

そこで私は、広域下水道事業を担当する役所は、東京都であることを確認し、地元選出の都議会議員に働きかけ、都の下水道局の幹部に被害現場を見てもらった。

その際、私は、雨水を道路下の地下に吸収する手だてを考えてほしい、と要望した。その結果、驚くような予算が付けられ、雨水対策工事が行われることになった。

すなわち、馬込地区で一番低い旧大田区役所前の道路の地下五〇メートル掘ったところから、森ケ崎下水道処理場の地先まで、直径五メートルの鋼鉄の管を敷設し、途中、枝幹で雨水を集め、海に流すという大事業が実施されることになったのだ。

さらに、常時、管にたまっている雨水は、防火用水として利用されることにもなった。

その結果、地域の浸水は完全に解消された。五カ年の継続事業費は、二〇〇〇億円を超えた。一地方の区議会議員が、都政を動かし、巨額の予算を導入させた事例は他にあるだろうか。


二つ目。大田区松原橋交差点の、大気汚染対策についてである。

場所は、第二京浜国道と環状七号線が立体交差している地点である。国道の下を走る環七の道路は、都内の建設現場から発生する残土を、羽田空港地先の埋め立て地に運ぶ大型トラックが二四時間切れ目なく通過する。加えて、沿道はビルが林立し、半閉鎖的な空間になっていることから、一平方メートル中の浮遊粒子物質は〇・〇七五ミリグラムもあって、全国ワースト1の大気汚染地区であった。

早速、私は、わが党の国会議員と都議会議員に働きかけ、環境庁と東京都の担当幹部を現場に連れてきてもらった。

さらに、私の呼びかけで駆けつけた、大田区役所の幹部や地元の連合町会長などがそろったところで、土壌を利用した大気汚染の浄化法を提案し説明した。

土壌の中の微生物は、化学物質を分解する働きをしてくれるので、これを利用し、環七の沿道に排気ガスの吸気口を設け、吸引した大気を国道と交差するデルタ地帯の土壌へ吹き上げるというものである。

この提案に賛同した環境庁は、翌年、五億円の予算を計上し、大気浄化実験施設を建設してくれた。この方法が功を奏し、今では、土壌を通過し、東京で一番きれいな空気が温泉のように湧いて大気に戻っている。そして、この方法は大気汚対策として、全国のモデル事業となったのである。

三つ目は、教育問題。

大田区教育委員会は、毎年、生徒の偏差値調査のために、区内の全中学校二八校で、一斉に業者テストを行っていた。

その中で、私の地元のK中学の生徒の偏差値は、毎回二五番目前後と低迷していた。ところが、校長がY氏に代わってから、急に五位前後に躍進し、PTAの母親たちの人気が高まった。

ある時、私の知合いの学習塾の先生から、とんでもない情報が入ってきた。

その内容とは、道路を挟んで違う中学に通う同学年のA君とB君は、塾のテストではA君の方が断然上なのに、学校で行う業者テストの偏差値では、K校に通うB君の方が断トツで上になっていることに不審を抱き調べたという。

その結果、K校では、毎年、業者テストを行う二日前に模擬テストを行っており、これには業者テストの内容の八割が入っていたことが判明したと言う。

私は、その動かぬ証拠を手にして、区議会の予算特別委員会で追及した。

質問の当日は、区議会始まって以来、初めてテレビカメラが入り、翌日の読売新聞は、社会面のトップで私の質問を報道した。

このことが国会でも取り上げられた。当時の鳩山邦夫文部大臣（現在は文部科学大臣）は、熟慮の結果、偏差値測定の業者テストを廃止することを明言した。

この一件こそ、一地方議員である私の一石が、国の教育行政を動かした事例と言えまいか。

ところが、私のこの質問が、都議会公明党のドンと言われた長老の耳に入り、

「有川は何たることを追及したのか」

と、選挙で支援してくれた業者テスト会社役員に顔向けできないと、御立腹だったとの情報が伝わってきた。

すると、同時期に、私の支援長だった学会の本部長から、

「次回の選挙では応援できない」

と言ってきたのである。

直後、私は、党都本部の大久保直彦本部長に事情を説明した手紙を書いて、次回の区議選の出馬は辞退したいと申し出た。

ところが、一週間後、学会の支援長が飛んで来て、自身の発言を取り下げたい、との話があり、騒動は収まった。

考えても見よ。K中学校長のズルによって、本当は学力の低い生徒が、業者テストで一番、二番の成績を修める。その子は校長の推薦で有名私立高校に無試験で単願入学する。果たしてこうしたことは、この子の将来にプラスになると言えるのであろうか。

とりわけ、校長の悪事は断じて許せない。これを追及した私を、けしからんと吐露した都議会のドンに正義はあるのか。

野に放たれた〝蒼き狼〟は、民主主義の学校と言われる地方議会を舞台に、国と都の議員と役人を巻き込み、六期二四年の長きにわたり、数えきれない実績をあげてきた。

特に、区議会議員時代の私は、自らを〝ドブ板議員〟と自認し、現場第一主義で地域をくまなく駆けずり回って奮闘した。

そのため、ヤクザの世界、右翼や同和の関係者、南北朝鮮・中国人とのつき合い、土建業者、造園業組合、障がい者団体、生活保護者、医師会、宅建組合、料理飲食業組合、建設残土処理事業組合、保険会社、警察など、避けては通れない現実の修羅場の中で、火の粉が降り掛かり、悪戦苦闘したことも、今では懐かしい思い出である。

一方、一期四年間に一度の合計六回の海外行政視察では、世界の延べ一八カ国・三八の主要都市をくまなく調査・研究できたことは、国際感覚を身につけるうえで貴重な体験をさせていただいた。

また、年一回の常任委員会の三泊四日の国内視察と、特別委員会の一泊二日の国内視察、さらに、政務活動費による個人視察などを含めると、日本国内のほぼ全県の市町村における優れた施策を勉強することができた。

これらは、人生の貴重な体験として、私の宝物である。


この章の最後に、区議六期目の当選を果たしてから、二年後（二〇〇六年）に起きた「耐震偽装事件」について、コメントしておきたい。私自身、公明党に離党届を出すきっかけになった事件だ。

この事件は、マンション建設会社・ヒューザー（小島進社長）が建築した物件の約三割が、構造計算を委嘱した一級建築士・姉歯秀次氏によって耐震の偽装が行われていたということであった。当時、社会的にも大きく取り上げられ、日本中が大騒ぎとなり、ヒューザーの小島進社長は天下の大悪人として連日報道された。しかし、その後の裁判で、姉歯秀次氏が、偽装は「自分一人でやりました」と証言したことをどれだけの人が知っているのだろうか。なお、この事件の詳細と私の総括は、『国家の偽装――これでも小嶋進は有罪か』（二〇一〇年、講談社）として著した。

さて、話を進めよう。二〇〇六年の一月一七日に、衆議院国土交通委員会が開かれ、ヒューザーの小嶋進社長に対する証人喚問が行われた。

席上、日本共産党の穀田恵二委員は、

「あなたを国土交通省の幹部に紹介してくれた人は、大田区の議員だと聞いておりますが、どなたですか」（主意）

と質問。これに対し、小嶋氏は、

「大田区議会議員の有川靖夫先生です」。

と証言。質疑はそこで終了した。

しかし、このやりとりでは、質問した方も、答えた方も、言葉足らずで、真相解明は全くできていない。

なぜなら、一区議会議員の私には、何の面識もない国交省の課長補佐を、紹介することはできないからである。

したがって、小嶋氏は

「地元の有川区議に相談はしたが、実際に、私の願いをかなえてくれた人は、公明党の参院議員・山口那津男先生です」

と証言すべきだったのだ。

また、穀田委員も、「小嶋氏を直接、国交省の課長補佐に合わせる手配をしてくれた国会議員は誰だったのか」と問うべきだったのである。

結局、なぜか山口那津男氏の名前が出なかったために、私が耐震偽装に加担したかのように悪者扱いをされ、あらぬ火の粉を一身に浴びせられたことは、痛恨の極みであった。一区議であった私が国交省の役人を知るよしもなく、紹介などできない。ただ小嶋氏の陳情を、東京選出の国会議員であった山口那津男氏に取り次いだだけだった。

しかし、公明党の対応は異常であった。小嶋氏の証言後すぐに、私は公明党本部から離党を迫られたのである。トカゲの尻尾切りである。

私は「やましいことは、何一つないが、公明党や創価学会に迷惑をかけることになるのであれば、離党します」と伝えた。

翌日、私は新宿の弁護士事務所に呼び出され、学会の弁護士から離党届を渡されて、サインをした。同席した旧知の都議会議員は「このままでは党のイメージがどんどん悪くなる。すべて有川チャンが悪いとするしかないねえ」とつぶやいていたが、党からは正式なコメントは何も発表されず、あまりにも簡単すぎる公明党、創価学会との幕切れであった。

第一〇章　馬込文士村に住む者として

東京都大田区の馬込・山王地域は、私が山形から上京して以来、今日に至るまでの六〇年間のうち、仮住まいの短期間を除けば、ずっと住み続けてきた第二の古里である。

この地域は、一五世紀ごろ、関東地方で活躍した武将の大田道灌が、「江戸城」建築の候補地に挙げていたと言う。

その理由は、丘や谷が入り組んだ地形で、難攻不落の城を築くには相応《ふさわ》しいとの判断からであった。

築城の話が消えたのは、「九十九谷」と呼ばれていて、谷の数が「百に一つ足りない」と、道灌が験を担いだからといわれている。

昭和六三（一九八八）年から平成元（一九八九）年にかけて、時の内閣総理大臣・竹下登が、「ふるさと創生事業」の政策を打ち出し、全国の各市区町村に対し、地域振興のために一億円を交付した。

当時私は、区議二期目のときで、「文化とロマンの薫る街づくり」を選挙の公約にしていたことから、一億円の使い道は「馬込文士村の整備」に充ててほしいと、強く要望し、これが実現した。

馬込文士村とは、大正の後期から昭和の初期にかけて、百人を超える著名な文士が暮らしていた地域の呼称である。

かつては、のどかな農村地帯であったが、一八七六年に京浜東北線・大森駅が開業してからは、土地代も手ごろであったことから、東京近郊の別荘地として、多くの芸術家や詩人が山王・馬込地区一体に移り住み、文士村の原型を作った。

日夏耿之介、小林古径，川端龍子、伊東深水、真野紀太郎、長谷川潔など。

その後、大正二（一九二三）年に〝馬込放送局〟と言われた尾崎史郎の呼びかけによって、多くの文士が馬込に集まってきた。

萩原朔太郎、今井達雄、川端康成、衣巻省三、榊山潤、藤浦光、間宮茂輔、広津和郎、宇野千代、村岡花子、室生犀星、三好達治、子母澤寛、北原白秋、山本周五郎、徳富蘇峰、山本有三、三島由紀夫など。

文士たちは、文学談義の傍ら、酒、麻雀、ダンス、相撲などをして友好を深めあった。

私は機会あるごとに、歴史ある馬込文士村の整備について議会で取り上げ、成果をあげてきた。

なかでも、尾崎士郎邸を区に買い上げてもらい、「尾崎士郎記念館」を開設したこと。

また、文士村散策に訪れる人たちのために、ボランティアガイドを提案し実現したこと等。

一方、親戚の元東レの社員だった井上幹彦氏に、NPO法人「馬込文士村継承会」を設立していただき、文士村の保存、継承、発信活動を行っていただけた。

私自身は、馬込文士村に住む住人として、ずっと決意してきたことは、自分自身が現代の馬込文士になることと、将来の馬込文士を育てることであった。

私の馬込文士としてのスタートを切ったのは『官僚たちの聖域』（学陽書房）。

出版の経緯については、第八章で述べたので、ここでは簡単に触れておきたい。

本書は、輸入小豆の高値安定のカラクリを解明したもので、特に官庁街書店でベストセラーとなった。

輸入小豆は日本国内に入ると、販売価格は約三倍に跳ね上がり、輸入商社が暴利をむさぼることになるので、通産省の外郭団体である「雑豆輸入基金協会」が、利益の二〇％を、調整金という名目で納めさせている。

そこに法的根拠はなく、協会と輸入商社の自主的契約によって行っているというのだ。協会に入る調整金は、年間、二〇億円にもなる。協会には、年配の事務長が一人いるだけで、集めた金をジェトロ（独立行政法人・日本貿易振興会）と農林省の外郭団体である「日本豆類基金協会」にそれぞれ二分の一を振り分ける仕事をしているだけのトンネル法人だった。この二つの外郭団体は、明らかに官僚たちの天下り先になっていた。

次に『検証　羽田空港』（早稲田出版）。

昭和二〇（一九四五）年九月二一日、羽田空港の拡張のため、ＧＨＱ（連合国軍総司令部）は、羽田鈴木町、羽田江戸見町、羽田穴守町の住民、一三二〇世帯、二八九四人に対し、四八時間以内の強制退去命令を発した。

このことは、住民にとっては〝寝耳に水〟であり、問答無用の出来事だった。移転先の代替え地も与えられず、追い出された人の中には、今でも、空港内にあった我が家の夢を見て、目が覚めるとむなしい思いに駆られる、と話している。

昭和二七年七月一日、日米講和条約の締結により、東京飛行場は米軍から日本に返還された。以後、国と東京都は航空機のジェット化、大型化に対応するため、羽田空港の沖合埋め立て事業を展開。

昭和五三年に運輸省は、空港跡地は二〇〇ヘクタールあると、あたかも地元大田区が無償で利用出るような話をしていたが、その後、跡地は七七ヘクタールになり、さらに五三ヘクタールだと後退、しかも、時価で大田区に売却すると言ってきた。

私は、こうした国の非情なやり方を後世に残すべきだと思い、健筆を振るった。

その他、『腐敗公社』（早稲田出版）、『国家の偽装』（講談社）、『消えた信金』（一穂社）、『アイ・アム・ブッダ』（風詠社）、『一凶禁断の師子吼』（風詠社）、『町会民主主義』（白馬会）、『小説　農産物輸入』（講談社）などなど、ノンフィクション作品や自伝小説を出版してきた。これらは全て、私の体験に基づくもので、多くの読者に読んでいただきたいものばかりである。

現代の馬込文士としての私の文筆活動は、一生続けるつもりであるが、次代を担う子どもたちが「ペンは剣よりも強し」と育って、再び〝馬込文士村の黄金時代〟を築くために貢献したいと決意している。

終章　言論・表現の自由と世界平和

平成一五（二〇〇三年五月、私は大田区議選で六回目の当選を果たし、二度目の区議会副議長に就任した。

ところが、議長に就任した自民党の議員が、病に倒れ、入院を余儀なくされたため、丸一年間、私が議長職を代行することになった。

（議長と副議長では、権限や待遇面で、こんなにも違うものなのか）

驚きの議長職体験の日々が始まった。

地方議会の議長には、議会の秩序保持，議事整理権、議会事務監督権などが与えられている。議会事務局職員の人事も、行政の長との話合いで介入できるし、庁舎内には広々とした議長室が用意され、秘書役の女性職員が控え、議長車と運転手が常駐している。

議長になると、幾つかある広域行政団体の役員に自動的に就任することになり、その報酬も議長報酬に加算される。

また、区内で行われる数多くの公式・非公式の行事には、区長と共に、最上位の来賓として招待され、スピーチの機会が与えられるので、一躍有名人となる。

そうした多忙を極めた議長職の労が評価されたのか、二〇〇六年一〇月に開催される東京都政功労者表彰式で、私が、東京都二三区の議長会を代表し、ただ一人表彰されることになり、石原都知事（当時）から、出席依頼の公式文書が自宅に届いた。

（これはおめでたい！）

とばかりに、私の後援会長は、「有川靖夫君の都政功労者受賞祝賀会」の開催を企画してくれた。

ところが、表彰式前日の夕方、突然、大田区役所の総務課長から電話があり、

「先生、先ほど東京都から電話があり、明日の先生の都政功労者表彰はキャンセルされました」

と言うのだ。

「やっぱりそうか。都議会のどこかの党がクレームをつけたのですね」

と聞いたが、

「……」

課長は無言のままだった。

しかし、私には、キャンセルされた理由は想像がついた。

時あたかも、第九章で述べた日本列島を震撼させた「耐震偽装事件」で、悪人扱いをされていたヒューザーの小嶋社長（公判で姉歯一級建築士は、偽装は自分が一人でやりました、と証言）を私が国土交通省の幹部に紹介したと、濡衣を着せられ、離党した矢先のことだった。

通常、都政功労者表彰の名簿は、公表前に都議会各派幹事長に通知される。その際、ハッキリ言うと、公明党が自党の私を外してほしいと申し出れば、都はキャンセルせざるを得なくなる。授賞式の前日の夕方に電話してくるなど、何たる非常識極まりないことをするのか、開いた口がふさがらない。

また、毎年行われる春と秋の叙勲で、区議会副議長の経験者は、議員を引退して七〇歳以上になれば、ほぼ自動的に旭日小綬章受賞者として官報に名前が公示される。が、八一歳を超えた私の名前はいまだ出ていない。これまた誰かが横やりを入れたため、と考えられる。

これらの顚末を私は、毎年発行される大田区議会待遇者会の会報に投稿したところ、現役の公明党区議団から横やりが入り、会長から

「何とか取り下げてもらえないか」

と懇願された。

この会報は、私が以前に投稿した原稿についても、私に断りもなく勝手に削られ、意味が通じないまま印刷されたことがあった。

かつて、宗教法人・創価学会と同団体を支持母体とする政党・公明党が、学会に批判的な書籍の出版・流通を阻止するために、著者、出版社、取次店、書店等に圧力をかけて妨害をした「言論出版妨害事件」があった。

その際、学会の池田大作会長が公式に謝罪したにもかかわらず、今なお、陰湿な言論弾圧が行われているのである。

我が国においては、憲法第二一条で、「集会、結社及び言論、出版その他一切の表現の自由はこれを保証する」とあり、二項には、「検閲は、これをしてはならない。通信の秘

密は、これを侵してはならない」と規定している。

則ち、自身の思想・良心を表明することは、自由権の一種として保障されているのだ。

また、世界人権宣言第一九条にも、「全ての人は、意見及び表現の自由に対する権利を有する。この権利は、干渉を受けることなく自己の意見を持つ自由並びにあらゆる手段により、また、国境を超えると否とにかかわりなく、情報並びに思想を求め、受け、及び伝える自由を含む」と明記されている。

言論は音声による表現であり、出版は文字による表現である。そして、言葉を通しての表現の自由は発言の自由である。

大事なことは、各人の自由な表現が、オープンで、総体として互いに他を説得しようと競い合い、その過程で真理が勝利し、真理に基づいて社会は進歩する。

したがって、表現の自由は真理への到達にとって不可欠の手段なのである。

さらに、言論の自由は、民主政治にとって不可欠の要素である。

ということは、統治者の行動が、国民の利益・願望に合致しているかどうか監視し、公に批判することができない国民は、真に主権者とは言えないのである。

アメリカの最高裁判所判事・ロバート・ジャクソン氏は「我々は被治者の同意により政

府を樹立したのであり、権利の章典は、権利の把持者（握っている者）がその同意を強制する法的な機会を一切否定する」と述べ、世論が公権力によって統制されてはならないことを強調している。

権力に対する言論の自由は、権力を監視する意味合いがあり、もし、制約があれば民主主義とは言えない。

一方で、個人に対する言論の自由は、濫用すると名誉毀損罪・侮辱罪に抵触する恐れがあり、十分注意すべきことであることは言うまでもない。

議員活動を卒業した私は、人生百年時代に備え、晩年をどう生きるべきか考えたときに、言論の自由と世界平和の実現に生きることこそ「わが死に場所」であると確信した。二〇二四年の五月一五日、この日、私は、日本ペンクラブの正会員に承認された。この会は、一九二一年に創立された「国際ＰＥＮ」の日本センターで、言論・表現・出版の自由の擁護、文学の振興と文化の国際交流、世界平和への寄与を目的とした団体である。

私は今、人生最高の居場所を得ることができたと、歓喜の日々を送っている。

著者略歴

有川　靖夫（ありかわ・やすお）

1943年8月品川区生まれ。ノンフィクション作家。元大田区議会副議長。一般社団法人日本ペンクラブ正会員。

山形県立山形東高校、国立山形大学卒。小学校教員A級免許取得。公明党本部職員。政治理論月刊誌『現代政治』編集長。『公明新聞』社会部記者。衆院議員市川雄一（公明党書記長）第一秘書。1983年に東京都大田区議に初当選。以後6期連続当選。この間、党幹事長、副議長2回、監査委員、全常任・特別委の委員長を経験。日朝議連会長を8年務める。議員退職後はマンション管理会社社長、エレベーター法定点検会社顧問。創価学会時代は池田大作会長の御義口伝講義受講者1・5期生。学生部初代東北書記長。全国副学生部長、男子部参謀、神崎武法元公明党代表と共に、全国最年少創価学会理事に就任した。

主な著書に『官僚たちの聖域』（学陽書房）、『小説　農産物輸入』『国家の偽装』（以上、講談社）、『検証　羽田空港』『腐敗公社』（以上、早稲田出版）、『消えた信金』（一穂社）、『アイ・アム・ブッダ』『一凶禁断の師子吼』（以上、風詠社）、など。

さらば公明党・創価学会——願兼於業 命と向き合う人生

2025年3月25日　　初版第1刷発行

著　者　　有川靖夫
発行者　　川上　隆
発行所　　株式会社同時代社
　　　　　〒101-0065　東京都千代田区西神田2-7-6
　　　　　電話 03(3261)3149　FAX 03(3261)3237
装　丁　　クリエイティブ・コンセプト
組　版　　い り す
印　刷　　中央精版印刷株式会社

ISBN978-4-88683-984-8